臺灣歷史圖說

（三版）

周婉窈　著

三版自序

　　《臺灣歷史圖說》最初在一九九七年十月印行，明年（2017）就滿二十年了，若以人來說，當時誕生的嬰兒就可投票了。書和人當然不能直接類比，不過，由於讀者的愛顧，給了這本書成長的機會。從最初的初版到現在，這本書總共有七個版本，每個版本都有一些變化。

　　本書目前有韓文、日文，以及英文版。在此簡單羅列這七個版本的大概：

　　一、中央研究院版，1997/10

　　二、聯經版，1998/09　改換一張圖版

　　三、韓國新丘版，2003/06　同上

　　四、日本平凡社版，2007/02　增加：戰後篇

　　五、聯經增訂本，2009/12　增加：戰後篇＋本篇二章

　　六、日本平凡社增補版，2013/02　增加：本篇二章

　　七、南天英文版，2015/10　增加：數十幅圖片＋本篇一章＋內文
　　　　增補+四種附錄

上述的第五個版本「聯經增訂本」今年春天已經絕版，現在重新再版，連同聯經一九九八年的初版，是聯經中文版第三版；整個來說，則是這本書的第八個版本。

　　一本會成長的書，對作者來說是有點神奇，最要感謝讀者。英文版是目前各版本中最大開、最厚重的（469頁），除了圖片大量增加之外，正文很多地方針對英語讀者增補改寫，而非直譯。此外，考慮到西方讀者可能想多了解臺灣與近代世界的關係，增加一章"Facing the Ocean

Again"（再度面向海洋），寫臺灣開港通商後的情況，這是取材自我的另一本歷史普及書《少年臺灣史》，因此就沒再放到本書中。有鑑於歷史普及書不宜過厚，這次本書再版，除了修訂文字之外，增加圖片四十二張、圖表二張，更換圖片與圖表各二張，希望能多少帶給讀者耳目稍新之感，卻不增加負擔。

有讀者問我：「三一八」會不會寫入新版？準備英文版時，也遇到同樣的詢問。歷史研究需要大量閱讀材料，並深入思考，才能提出具有分析意義的敘述或書寫。我個人雖然參與了三一八之前的公民反服貿行動及該運動本身，對它有一些近距離的了解，但離客體化的知識還是很遠。三一八在將來的臺灣歷史一定會占據非常重要的地位——惟其先決條件是，我們必須持續努力，直到島嶼確立它的主體性。如是，我們才能確保三一八的歷史定位。過去固然決定了現在和未來，未來也會決定過去如何成為歷史。我們不止為將來在努力，我們也為過去在努力。但願有一天，我能在這本書中寫下三一八的篇章。

這本書能夠順利再版，要感謝的人很多。聯經總編胡金倫先生、南天書局魏德文先生、恩師鄭欽仁教授、提供圖片圖表的先生女士，以及陳澄波文化基金會，都是作者特別感銘在心的。

歷史書寫或許是歷史研究者參與歷史的方式吧？在這本書再版的前夕，謹記下一個知識工作者的本願。

周婉窈

二○一六年初秋

於龍坡里芬陀利室

增訂本自序

　　一九九七年十月拙書《臺灣歷史圖說》出版，數月間售罄，翌年九月改由聯經出版事業公司出版。這本書受到讀者的青睞，現在還在市面上流通。回想這本書緣起於一九九四年年底，感覺已經相當久遠了。當時，臺灣史甫躋身學院史學諸「領域」之林，研究方興未艾，財團法人霖英文化教育基金會捐助我的服務單位一筆款項，指定出版一本「老少咸宜」、「圖文並茂」的臺灣史的書。當我奉命執行此一工作時，坊間並無任何寫作模範可供參考，常有四顧茫然之感。為了撰寫這本書，除了著手進行研究，大量閱讀和收集圖文材料之外，我做了很多的思考。這些思考的結果大抵呈現在這本書中。

　　如果說這本小書有比較突出的特色，那麼，我想大概有三方面。其一，本書從史前寫到一九四五年，選取若干主題，擇要敘述，雖簡而不失其通貫性。其二，以臺灣島為歷史單元，人群方面則以原住民為敘述起點，且於往後的篇章中仍時見其身影，脫離漢人開發史觀，為臺灣史的書寫開創新局面。其三，本書配有許多圖片和圖表，文字和圖象互相補充，彼此參照，增加讀者琢磨流連的空間。當然，讀者之所以不吝惠顧，是否因為這些特色，就不是我所能得知的了。

　　這次印行增訂本，主要增加了「戰後篇」，並在原來的架構中新加兩章。茲簡單說明其原由。拙書出版後，引起外國人士的注意，二〇〇三年刊行韓文版（新丘文化），二〇〇七年刊行日文版（平

凡社）。韓文版進行編輯時，主其事者曾表示希望我加寫戰後到當代的臺灣歷史，因為對外國人而言，寫到一九四五年嘎然而止，無法滿足他們想掌握臺灣的過去與現在的需求。當時我迫於研究工作，抽不出時間，只好作罷。其後，日本的編者也提出同樣的要求，我也還是一樣忙碌，但是，心想兩個國外出版社都作此要求，可見實在有其必要。於是設法挪出時間撰寫戰後臺灣史，也因此日文版比中文版和韓文版完整，足足多出約三分之一的分量。這次出版中文增訂本，理所當然收入日文版多出來的部分。至於又比日文版多出來的兩個篇章，嚴格來說，不是增加，而是將一九九七年出書時原先擬訂想寫的，卻因時間不夠，不及寫的兩章補回來。這兩章是〈知識分子的反殖民運動〉和〈臺灣人的美學世界〉。事隔多年，現在來寫和當時若可寫成，自然很不同；不論如何，總是完成了一個小小的心願。

臺灣史研究，在小書初版刊行以來，有長足的進步，史料不斷出土，論著推陳出新，在視野上也有很大的拓展，例如加入海洋史的觀點。如果說我們正站立在臺灣史研究邁向深化和提升的關鍵性時刻，或許也不為過。我的小書，在過去一紀能獲得國人的愛顧，並且因此而有機會走出臺灣，向世人介紹我們的歷史，這是我個人莫大的榮幸。今年十月底「東亞出版人會議」選出「東亞一百冊」，臺灣入選十五本，本書忝在名單上，我想這份光榮不屬於我個人，而是屬於過去我們社會的集體努力；自由社會的在地多樣性，是世間的瑰寶。我們好不容易到達門口，不能自棄，也不能忘記以我們自身的經驗同情不得其門而入的人群。

很久以前，曾有原住民人士讀了這本小書，在網頁上稱呼我為「原住民之友」，這比任何頭銜都讓我感到榮耀。但是這個原住民之友，實在對原住民族了解很有限。明年十月二十七日就是霧社事件八十週年紀念日了，我想像，我聽到從清冷的高山深谷中傳來三八式騎槍的子彈聲——莫那‧魯道自我結束生命的槍聲。那麼遙遠，那麼不真切。或許明年此刻，我們能夠感覺多了解了一些。歷史是不斷面向過去的觀照和省思，它讓我們當下的「活著」具有時間的深度，且能幫助我們以清明之心思考未來的路徑。

一本書能「做」出來，尤其是有大量圖片的書，是很多人協助的結果。在這裡，我要特別感謝協助收集新增圖片的李幸真、施姵妏、黃琪惠、王淑津、陳慧先、許妝莊等六位女士；慧先並負責增訂本的一切聯絡工作，減省我很多力氣。聯經發行人林載爵先生始終給予我個人和這本小書最大的支持，也是我要特別致謝的。最後，我要向提供原書和增訂本圖片的人士和單位，增訂本工作團隊，以及原書美編林雪兒女士和謝吉松先生，致上深謝之意。名為「圖說」的書，圖片的重要性，不言而喻。由於大家的協助，這本小書才獲得一個或許還稱得上多彩的生命。

周婉窈

二〇〇九年立冬

於龍坡里芬陀利室

目次

戰後篇：後殖民的泥沼

圖片目次

圖表目次

本篇：史前至一九四五年

第一章

誰的歷史？

臺灣自從一九八七年解嚴以來，政治與社會發生很大的變化。這些變化，好壞參雜，讓人眼花撩亂，看不出未來的走向。人們似乎把這段時日當成過渡期──但過渡到哪裡呢？一個有合理公共秩序與安全、人民能安居樂業的社會，還是更混亂、更功利取向的社會？沒有人能真正回答這個問題。

無論如何，在劇變的時代，有些現象著實令人歡欣，例如，人們不再害怕因為或真或假的思想問題而被抓起來、不再恥於講母語、各個族群不再被迫忘記他們的過去、歷史不再只能有官訂的版本、兒童也有機會透過教育認識他們的鄉土、弱勢團體逐漸受到重視⋯⋯。

似乎這是個新時代。新的時代要求新的歷史；新的族群關係要求新的族群史。如果歷史工作者的職責不只是做研究，也包括歷史寫作的話，那麼在各個族群從歷史的幽暗角落走出來，要求走入歷史時，歷史工作者將如何撰寫一部照顧到每個族群的臺灣史呢？這不只是臺灣歷史工作者所面臨的重大挑戰；在深受族群問題衝擊或困擾的當代社會，這是個世界性的問題。例如，號稱民族大熔爐的美國，在族群關係大大改觀的今天，已經無法以歐裔男性白人為中心而撰寫美國通史了。但是，滿足各個族群意識的新美國通史，在撰寫上可能嗎？同樣的，新的臺灣歷史，在撰

這張太魯閣少女的像片出現在一九三一年的《日本地理風俗大系》，也許由於少女是美麗的，這張圖片屢為人採用。右下角的女性是曾珠如小姐，她是霧峰林獻堂先生的媳婦，出身名門。這是她在一九三○年代早期以會員身分在「一新會」舉辦的書畫展覽會場拍攝的。這兩位美女，雖然存在於同個時代，卻活在兩個世界。她們毋庸說互不相識，族群、語言、文化、風俗，在她們之間造成天河般的距離。在「思」的層次，她們甚且無法「想像」彼此的存在。雖然活在同個時代、同樣身為女性，卻再也陌生不過了。在今天，由於種種現代機制（如教育、媒體、資訊等），社會愈來愈「同質化」，人們的經驗日趨一致，比較能想像彼此是活在同個時間之流裡。這是現代社會的特性，也是我們要了解過去所必得儘量避免的假定。另一方面，要講族群融合，人們的歷史意識必須處於敞開狀態，讓「非我族類」的過去納入集體的記憶中。閉鎖的歷史記憶，是族群融合的障礙。

1.1 **太魯閣美女**
　　來源：仲摩照久編 1931

1.2 **曾珠如女士**
　　來源：賴志彰編撰 1989

寫上，可能嗎？

　　也許可能，但相當不容易。拿最明顯的歷史分期來說，目前普遍看到的是，把清朝統治前的歷史時代分為「荷蘭時代」與「明鄭時代」。這樣的分期，是禁不起質疑的。「明鄭時代」當然是站在漢人立場的歷史分期，對於鄭氏政權所統治不到的原住民而言，這樣的分期，遠離真實。「荷蘭時代」的說法，不能說是站在漢人的立場──因為在那個時候，漢人人口尚少，受到荷蘭東印度公司統轄的絕大部分是原住民。那麼，「荷蘭時代」的分期，符合歷史實際嗎？答案也是否定的。我們知道荷蘭東印度公司統轄的地方以臺灣南部為主，雖然其勢力或「教化」不以此為限，零星及於北部若干據點與卑南一帶，但對中、北部與中央山脈以東的大部分原住民而言，荷蘭東印度公司的存在是鮮少相關的。當我們說「荷蘭時代」時，不是把荷蘭統轄所不及的「地」與「人」都籠統包括在內嗎？對這種武斷的歷史分期，我們大可問道：這是誰的歷史？

　　其實，今天我們面臨的不只是「誰的歷史」的問題，而是更為深沈的挑戰。也就是以地理空間定義歷史所產生的難題。所謂「以地理空間定義歷史」，意指什麼？首先，我們必須了解到，我們所屬的時代是一個民族主義（nationalism）興盛的時代，而組成世

界的單位是國家，不是帝國，或部落——雖然每個國家未必是民族國家（nation-state）。在民族主義加國家單位的命題之下，帝國注定要瓦解，部落則非建國不行。國家不是存在於概念中，它有明確而「神聖不可侵犯」的疆域——如果不明確，或遭到侵犯，都將導致嚴重的衝突，甚至引發戰爭。

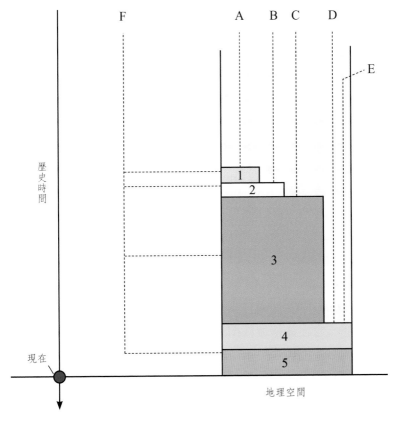

圖表 1 以地理空間定義歷史脈絡示意圖　來源：周婉窈

1. □荷蘭東印度公司時代
2. □明鄭時代
3. ■清朝統治時代
4. □日本統治時代
5. ■國民黨政府時代

A, B, C, D, E 代表不同區域的原住民，F 代表漢人。
------ 代表時間的歷程，也代表原住民和外人的接觸，以及漢人抵達臺灣。

　　臺灣無法自外於這個世界性的潮流，近年來最困擾臺灣社會的是國家認同問題，以及環繞在這個問題上所產生的統獨之爭。我們無意在此討論這個紛爭，不過，作為歷史工作者，很難不受到影響。不論贊成統一、獨立，或不中不臺，我們的社會已逐漸發展出以臺灣為主體的思考方式與觀念。這是現代生活很實際的問題，不管您喜歡不喜歡，以國家為單位的現代社會建立了以國家為疆界的各種制度與組織。現在的臺灣，雖然處在國與非國之間，它的內部的許多制度、組織，在在劃定了臺灣作為一個政治實體的疆界。就拿錢幣來講，臺幣的發行與使用的範圍，大約不出我們的政治邊界。護照、簽證與海關，毋庸說，具有再確定不過的界定力量了。一個國家，或一個希冀成為國家的社會，需要「自己」的歷史。在強調地區特色的當前社會，即使主張統一的人，也無形中大多以臺灣為其「思考單位」。就如香港，雖然回歸中國，但在可預見的將來，大多數的香港人應該還是會以香港為「思考範疇」的。

　　我們無意在這裡做任何政治主張，我們的目的只是要指出，臺灣目前的境況對歷史研究造成很大的衝擊與挑戰。此外，我們也試圖從比較普遍的角度來看臺灣的問題。以地理空間來回溯一個社群或「國族」的共同歷史，是近代社會普遍的現象。例如，領

導印尼獨立建國的蘇卡諾總統，為了號召民族團結，據稱經常說：我們印尼過去被荷蘭統治了三百五十年……。 雖然今天印尼的國界大致符合荷蘭殖民地的範圍，但究實而言，荷蘭從未有效統治印尼「全土」三百五十年，十七世紀初期，荷蘭東印度公司充其量不過統治了今天雅加達附近的地區，即使到一九四二年，也不是所有今天的印尼國土都在荷蘭有效統治下。在臺灣，我們看到同樣的現象。所謂的「臺灣四百年史」，何嘗不是後溯的(男性)漢人觀點？

　　未來的臺灣史寫作，將如何處理族群與歷史單位的問題呢？我們不知道。這本小書，是在這種漫無頭緒的情況下，試圖提出幾個臺灣史的面向與議題，供讀者參考。我們無意寫一部系統化的通史——目前的研究成果尚不允許我們作此嘗試。據預測，二十一世紀是網路與影像的世界。這本書，圖像的分量多於文字本身，目的無非是想在圖片意象充斥的現代社會，為臺灣歷史爭取一點生存的空間。但願讀者看完這本書，就算記不得細節，腦子裡還留有一些圖影印象。

第二章

史前時代的臺灣

臺灣在進入歷史時代以前，有許多人群在這個島嶼活動過。所謂「歷史時代」，一般指有文字記錄的時代，這在臺灣本島大約始於十七世紀(澎湖更早，始於中國宋代)。但這個島嶼，在「遠古」時代，就有人類居住。這些早期的「臺灣人」出現的年代，最遠的可追溯到三至五萬年前。他們活動的時間或相同，或間隔千百年；活動的空間或重疊，或相隔數百里。他們在這塊土地上，留下了不少的活動痕跡。如果有幸被考古學家發現，這些遺跡或許還能被指定為考古「遺址」，供我們觀看、憑弔。

「四百年」相對於五萬年，何其微不足道！然而，我們一般人的思考的「時間縱深」，往往相當淺，在日常生活中，能想到自己年歲以外的年代，似乎不多。如果我們還相信歷史知識能增加當代人的思考深度的話，那麼了解臺灣的史前歷史，不能說沒有絲毫意義了。

要說明臺灣的史前歷史，不能不略說一下地球上人類早期的活動情況。「現代人」(Homo sapiens sapiens)在地球的生物史上出現很晚，學者一般認為大約在距今十萬年前(或早自二十五萬年前)出現於非洲。目前引起許多小孩遐想、幻想、著迷的恐龍，出現更早──二億二千八百萬年至六千五百萬年前，連我們最原始的祖先都無緣與之照面，以此，我們當

能了解，人類的歷史比起生物的歷史，又何其微不足道！在遠古時代，我們不是地球上唯一的「人類」，例如尼安得塔爾人（Neanderthals）可能出現更早，在某些地區，他們與現代人同時存在。但在距今大約三萬年前，現代人已經遍布地球各大洲，取代其他的人類，最後成為地球上唯一的「人類」。我們不確知為何只有我們這種「人」留下來，這還有待科學家來解答。

圖表 2 米崙亞冰期古地理圖
（冰河時期臺灣與亞洲大陸相連狀態）
來源：宋文薰 1981（重繪）

在這裡，我們也必須了解到，人類出現的時候正值冰期，冰期距今二百萬年（或一百六十萬年）至一萬年前。在冰期，氣溫不定，「冰河期」與「間冰期」以十數萬年到數十萬年的間隔輪替。在冰河期，因為地球大面積結冰的關係，海平面比今天低很多，今天各大陸與其鄰近的島嶼往往連接在一起，例如臺灣、日本都與亞洲大陸連成一塊。這一知識

至為重要，關係到我們對臺灣史前歷史的了解。在距今約一萬八千年至一萬年前，地球最近的一個冰河期(第四冰河期)結束，氣溫逐漸上升，海平面隨之逐漸上升，地理景觀發生激烈的變化，《詩經》說：「高岸為谷，深谷為陵」，真可用來描述地貌的大變化。考古學家指出，臺灣在三萬至五萬年前有人類活動的遺跡，那時候正值第四冰河期，臺灣海峽還是陸地，人與動物可從亞洲大陸直接走過來。

從右表，我們可以看出：從舊石器時代、新石器時代(早期、中期、晚期)到金屬器時代，臺灣各地有過各式各樣的史前文化。首先，需要說明的是，史前文化的名稱，一般以發現該文化之最初遺址的現地名命名。例如，圓山文化最初發現於今天的圓山，大坌坑文化於臺北縣八里鄉(今新北市八里區)大坌坑發現，河姆渡文化則在浙江餘姚河姆渡發現。讀者須知，「遺址」只是某個特定文化的發現地點(site)，它所呈現的文化自有其或廣或狹的空間分布。另外，由於不同時期的人群很可能在同一地區活動，因此他們可能在同一地點「層累造成地」留下不同層位遺跡，例如圓山遺址的下文化層是大坌坑文化，大坌坑遺址的上文化層則為圓山文化。

目前發現的臺灣最早的史前文化是長濱文化與

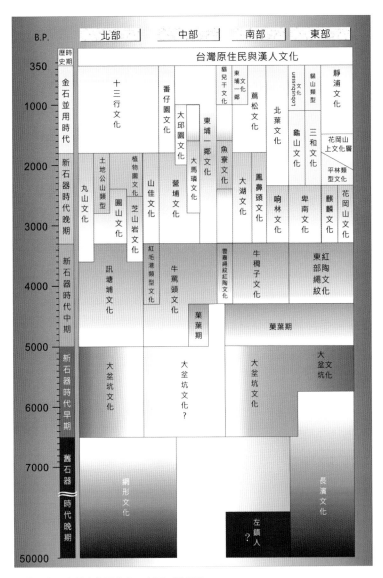

圖表 3 臺灣史前文化層序表　來源：劉益昌 2015

2.1 從大坌坑遺址北望淡水河口
　　來源：Kwang-chih Chang 1969

網形文化，出現時間在臺灣尚與大陸相連時，一般認
為與大陸系統的舊石器時代的文化有關。但是接下來
的新石器時代的文化，可能不是由長濱文化演變而來
的，而是在臺灣成為島嶼後，由中國華南或東南亞相

曠野中有座村落，多年後，村毀屋倒，廢墟深埋地下。

後來同一地點另建村落，多年後又遭毀棄，埋入塵土中。

一輛 20 世紀的汽車停在這兩層廢墟上，隨手拋下廢棄物。

圖表 4 遺址與文化層的形成過程　來源：陳玉美 1984(重繪)

繼移入的。

新石器時代早期的大坌坑文化分布全島。大坌坑文化的範圍很廣，不限於臺灣，包括大陸東南沿海的閩南、廣東二地，與大陸的河姆渡文化可能有互動關係。大坌坑文化之後的文化，有些是後來移入的，如圓山文化，有些則是在大坌坑文化的基礎上繼續演化發展的，如牛罵頭、牛稠子文化。

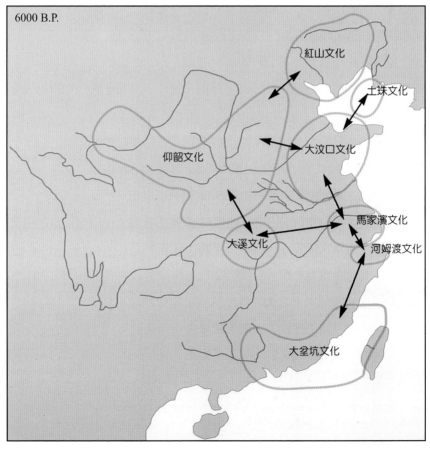

圖表 5 中國新石器時代中期文化互動關係圖　來源：Kwang-chih Chang 1986；劉益昌 1992（重繪）

　　臺灣史前文化的遺址已發現有一千五、六百處，重要的遺址也有百餘處。限於篇幅，我們在這裡選擇介紹圓山遺址與十三行遺址。圓山遺址是最早發現的遺址之一，此一發現確定了臺灣史前石器時代的存在，並帶動臺灣考古學的研究與發展。圓山遺址是在日本統治臺灣不久後於一八九七年發現的，以「圓山貝塚」為世所知。稱為貝塚，是因為遺址由大量的蜆與少數的蠔、螺等貝殼堆積而成，是當時人食用後丟棄而成的「垃圾堆」。圓山文化的貝塚不止一處，最大的一處是全臺灣規模最大的貝塚，內含豐富的文物，也有墓葬的遺跡。另外，在圓山遺址也發現了大型的「砥石」，是當時人用來磨製工具的石頭。圓山砥石曾被認為是世界上最大的砥石。在日本統治時代，圓山遺址雖經不斷的調查，但正式的開坑挖掘在戰後，由臺灣大學考古人類學系於一九五三年與一九五四年執行，成果斐然，不惟確定了圓山文化的年代，也發現該遺址存在著不同的文化層，其下為大坌坑文化。

　　考古遺址的保存很不容易。圓山遺址發現不久，一座禪寺就蓋在貝塚堆積最厚的地方，隨著該禪寺的擴建，貝塚一再遭到破壞。為了保護圓山遺址，一九二三年臺灣總督府醫學專門學校教授宮原敦自資為砥石蓋了一座保護亭，並買下部分的土地權。他

2.2 臺北市立兒童
育樂中心一九
九七年景況
彭裕峰拍攝

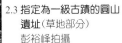

2.3 指定為一級古蹟的圓山
遺址(草地部分)
彭裕峰拍攝

2.4 鐵絲網裡依稀可見的貝塚　彭裕峰拍攝

將兩者都捐贈給臺北市作為永久保管。一九三五年圓山貝塚與砥石被臺灣總督府指定為史蹟。在戰後臺灣，保護亭與砥石雖存在了一段時間，最後卻消失得無影無蹤。遺址保存最大的剋星是工程建設，圓山遺址之上先後蓋過圓山動物園、兒童樂園，外圍更是不斷蓋樓房、開闢道路，遺址遭破壞殆盡。圓山貝塚的發現，到二○一七年就滿一百二十年，由於缺乏良善的保護措施，今天可說「憑弔無門」了。現在被指定為一級古蹟的圓山遺址，局限在臺北市立兒童育樂中心(已結束營運)的一隅，雜草叢生，未受到應有的注意。

　　另一個被工程毀壞的遺址是十三行遺址。十三行遺址在新北市八里區，它所代表的文化屬於金屬器時代，約在距今一千八百年開始，約於八百年前結束。(十三行文化整體來說，約始於二千三百年，終於四百年前，也就是漢人入臺之際。)十三行遺址出土的鐵渣、礦石、煤等，顯示這個文化的主人已經知道煉鐵。考古學家在十三行遺址中發掘出煉鐵作坊，證實了煉鐵是在聚落內進行的。十三行遺址的內容豐富，讓我們對這個文化有親切的了解，例如，我們知道他們以農業為主，漁獵也相當發達，他們的埋葬方式是側身屈肢。出土的骨骸有受傷致死者與無頭葬，大約是戰爭之故，或有獵人頭之俗。值得注意的是，十三行文化的商業十分活絡，與東南亞、唐宋元的中

2.5 十三行遺址發掘現況 來源：劉益昌提供

2.6 十三行遺址出土的屈肢葬 來源：劉益昌提供

國都有來往。在本島，與沿岸地區頗有接觸，東到花蓮，中部及於大甲。可惜，寶貴的十三行遺址在興建污水處理廠的工程下，遭受嚴重的破壞，雖經學者奔走搶救，終是一場徒然。現在被指定為二級古蹟的十三行遺址只是原址的百分之五！我們是這塊土地上最輓近的主人，歷史淺短到不足道。是無知，還是傲慢，使我們如此不顧惜前人的足跡？

讀者或會問：這些史前文化的主人是誰？他們與今天居住於臺灣的人群有何關係？由於史前文化沒有文字，缺乏語言資料，不是很容易判斷其族群類別。根據考古學家的研究，舊石器時代的長濱人可能在與大陸分離後，孤立地在臺灣島嶼活動，他們的文

2.7 **十三行遺址全景**　來源：劉益昌提供

化在距今約五千年前消失，至於人種是否融入後來的人群，則不得而知。大坌坑文化與圓山文化的主人，到底與今天臺灣的原住民有什麼關係，是很難確定的。臺灣各個土著族群的祖型文化大致在金屬器時代出現；一般認為十三行文化晚期的主人很可能是居住在臺北盆地的凱達格蘭族。果如此，我們倒要感慨：凱達格蘭雖然成了總統府正前方大道的名稱，讓人朗朗上口，但可能是凱達格蘭族重要的遺址卻一去不復返！

2.8 一九九〇年代後期十三行遺址的景況
　建築物為污水處理廠，草地部分為十三行遺址。　彭裕峰拍攝

第三章

原住民與南島語族

在上一章我們曾說明，金屬器文化的主人很可能是現在臺灣土著民族的祖先。換句話說，在漢人成為臺灣社會的主體前，土著民族是臺灣島嶼的主人。一九九〇年代臺灣流行「四大族群」的說法，將當時的住民分為閩、客、外省人、原住民，這種分法也許有它的「現實性」，但把原住民放在一個類別，往往模糊了土著民族之間不同的面貌，也容易引起誤解，有時人們還真以為原住民只講一種叫作「山地話」的語言。

　　臺灣的土著民族一般分為高山族與平埔族。照字面的意思，高山族是居住於山地的土著民族，平埔族則是住在平地的土著民族，這個說法不盡準確，因為屬於高山族的阿美族居住於東部平原。那麼，平埔族的名稱又是怎麼來的呢？如何區分高山族與平埔族？

　　簡單來說，這是漢人對土著民族的區分，不是他們的自我分類。「平埔番」似乎是使用於漢人移民間的叫法。「埔」在閩南語意為平原(粵語亦同)；此一用法不常見於其他漢語。在一份雍正年間的文獻，「平埔土番」指居住在西部沃野與東海岸，向官府納輸應徭(繳稅、做公工)的土著。(陳倫炯，《海國聞見錄・東南洋記》)在清朝，官方對土著民族的基本分法是「生番」、「熟番」與「化番」。所謂「生」與「熟」是以「受教化」(漢化)與「歸附納餉」之有

圖表 6 臺灣土著民族分布圖
來源：李壬癸 1992

平埔族

A	凱達格蘭	Ketagalan
	A¹	馬賽 Basai
	A²	雷朗 Luilang
	A³	Trobiawan
B	噶瑪蘭	Kavalan
C	道卡斯	Taokas
D	巴則海	Pazeh
E	巴布拉	Papora
F	貓霧捒	Babuza
G	和安雅	Hoanya
	G¹	Lloa
	G²	Arikun
H	邵（水沙連）	Thao
I	西拉雅	Siraya
	I¹	Siraya
	I²	Taivoran
	I³	Makato
J	猴猴	Qauqaut

高山族

a	泰雅	Atayal
b	賽夏	Saisiyat
c	布農	Bunun
d	鄒	Tsou
e	魯凱	Rukai
f	排灣	Paiwan
g	卑南	Puyuma
h	阿美	Amis
i	雅美	Yami

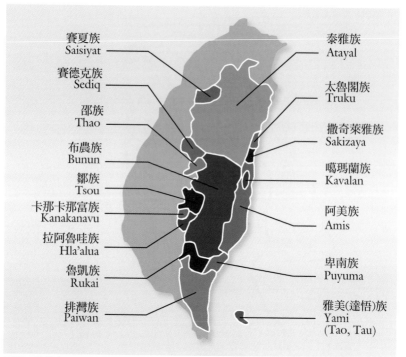

賽夏族
Saisiyat

賽德克族
Sediq

邵族
Thao

布農族
Bunun

鄒族
Tsou

卡那卡那富族
Kanakanavu

拉阿魯哇族
Hla'alua

魯凱族
Rukai

排灣族
Paiwan

泰雅族
Atayal

太魯閣族
Truku

撒奇萊雅族
Sakizaya

噶瑪蘭族
Kavalan

阿美族
Amis

卑南族
Puyuma

雅美(達悟)族
Yami
(Tao, Tau)

圖表7 當代臺灣原住民族分布圖　來源：南天書局繪製

無為判準(藍鼎元，《東征集》)，有者為「熟番」，反之則為「生番」，介於兩者之間為「化番」。用「番」字來指稱土著民族，在現在看來當然是不恰當的，但歷史研究很難完全避免使用過去的詞彙，只是我們在使用時必須意識到這個問題，能避免就盡量避免。日本統治臺灣以後，政府與學界正式採用「平埔蕃」或「平埔族」這個名稱。戰後，學界多采「平埔族」一詞。

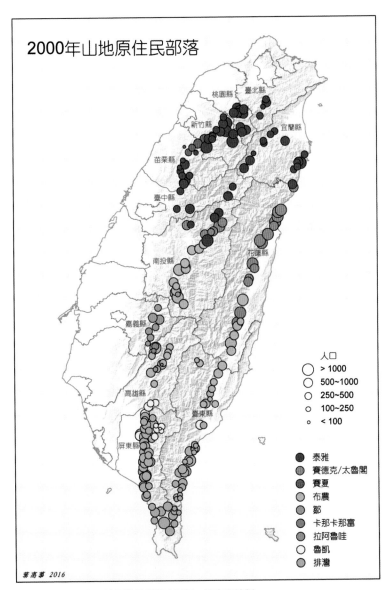

圖表 8 二〇〇〇年山地原住民部落人口圖　葉高華繪製
說明：此圖未包括雅美族（達悟族）與「平地原住民」部落；根據2000年人口普查資
　　　料繪製，惟族名採用當前官方的用法。

3.1 一九三八年的頭社公廨　來源：淺井惠倫攝影／南天書局提供

3.2 一九九七年的頭社公廨(改名「太上龍頭忠義廟」)　彭裕峰拍攝

3.3 一九三八年的頭社公廨內景
來源：淺井惠倫攝影／南天書局
提供

3.4 太上龍頭忠義廟內景
彭裕峰拍攝

3.5 臺南市東山區東河里大公界　彭裕峰拍攝

3.6 臺南市東山區東河里大公界內景　彭裕峰拍攝

3.7 臺南市東山區東河里小公界　彭裕峰拍攝

3.8 臺南市東山區東河里小公界內景　彭裕峰拍攝

　　高山族一般分為九族，平埔族的分類至今還有爭議，在此姑且采用十族的分法。高山族九族分別為：泰雅、賽夏、布農、鄒、魯凱、排灣、卑南、阿美、雅美。平埔族的十族是：凱達格蘭、噶瑪蘭、道卡斯、巴則海、巴布拉、貓霧捒、和安雅、邵、西拉雅、猴猴(或馬卡道)。(見圖表 6)不過，其中邵是否能視為平埔族，學者間頗有爭論；而猴猴族屬不明，亦有問題。目前除了噶瑪蘭、西拉雅、巴則海等不斷如縷外，平埔族可說「名存實亡」，他們的後代絕大多數已經「融入」漢人社會，雖然還有蛛絲馬跡可尋，如族譜、土地契約與祭祀儀式等等。我們今天所謂的原住民，基本上指高山族。

　　以上是二〇〇一年以前的原住民分類，從該年八月認定邵族為原住民族以來，迄今(2016 年)共新增七族，即：邵族、噶瑪蘭族、太魯閣族、撒奇萊雅族、賽德克族、卡那卡那富族、拉阿魯哇族。圖表 7 係根據原住民族委員會舊圖修訂的新分布圖，圖表8則呈示二〇〇〇年「山地原住民」部落和人口狀況。

　　在這裡，有必要說明南部平埔族有名的「祀壺」習俗。所謂「祀壺」，用淺顯的話來說，就是拜瓶罐等容器的信仰。壺內裝水，插上草葉，祭祀的對象是西拉雅的祖先阿立祖，祭祀的地點稱為「公廨」、「公界」或「太祖廟」。西拉雅似乎為母系社會，一

般認為阿立祖是女性。祀壺習俗過去常被當成識別西拉雅族後裔的指標，不過根據新近的田野調查研究，祀壺的人群不一定是西拉雅族的後裔。但這並不排除祀壺原先可能是西拉雅族的信仰。根據調查，臺灣南部與東部約有一百五十處的祀壺之家或祀壺之村。由

3.9 戴頭飾的阿美族馬蘭社小女孩
來源：仲摩照久編 1931

3.10 騎水牛的原住民少女
來源：成田武司編 1912

3.11 汲水的阿里山鄒族女子　來源：仲摩照久編 1931

3.12 挑小米穗的排灣男子　　來源：淺井惠倫攝影／南天書局提供

3.13 鄒族的「樂團」　　來源：《臺灣蕃族圖譜》第二卷 1918

3.14 **鹽月桃甫〈虹霓〉** 鹽月家藏明信片／王淑津提供

3.15 **鹽月桃甫〈馬細道邦的姑娘們〉**
第四屆臺展西洋畫第十七號 1930／王淑津提供

於數百年的「文化合成」的結果，我們今天還看得到的祀壺儀式摻雜不少漢人民間宗教的概念與儀式。

傳統觀念認為「漢化」是土著民族「唯一」的出路，社會看不起土著民族，許多平埔族的後裔都諱言自己的血統。一九九〇年代以來，社會風氣逐漸改變，有平埔血統反而值得驕傲。遷居到花蓮與臺東的噶瑪蘭族裔正在全力復原他們的文化與語言。除了噶瑪蘭語外，另外瀕臨滅絕的平埔族語言是邵語與巴則海語。平埔族的狀況頗引起有心人士的關心，不過在這同時，我們不能不關心高山族的命運。在不久的將來，他們的文化與語言很可能就像平埔族一樣，消失於以漢人為主體的臺灣社會。限於篇幅，在這裡我們無法逐一介紹高山族的各個族群。不過，我們提供了一些老照片，希望讀者能從中稍稍認識臺灣土著民族戰前的風貌──那個時候，他們的「漢化」或「近代化」都比戰後淺。這裡有：戴著頭飾的阿美族小女孩、汲水的鄒族女子、挑小米穗的排灣男子、騎水牛的原住民孩童⋯⋯等等。原住民的世界有著漢人社會所缺乏的質素，他們的形象曾經激發若干畫家的創作力。日本時代旅臺日人畫家鹽月桃甫繪有一系列的原住民圖像，吹口琴的泰雅少女是他最喜愛的題材之一。

臺灣土著民族的學術研究，起源很早，到現在

3.16 一九三○年代呈現原住民「傳統」服裝及頭飾的明信片

這些明信片採用的族名是現今官方認定的16族中的12族，未包括噶瑪蘭、撒奇萊雅、卡那卡那富，以及拉阿魯哇四族。　來源：南天書局提供

泰雅族

賽夏族

賽德克族

邵族

太魯閣族

鄒族

布農族

魯凱族

排灣族

阿美族

卑南族

雅美（達悟）族

至少有一百二十年之久。早期日本學者的研究為日後本地學界的研究奠下基礎，可惜的是，無論是在日本統治時代，或戰後，學界豐碩的研究成果都未能透過正式的教育管道傳布給社會大眾。換句話說，無論研究如何進步，臺灣人(漢人、原住民一同)在日治加戰後的一百年，都沒辦法在課堂上學習到臺灣土著民族的歷史與文化——學術的上游生產無法成為下游的消費品。因此，社會大眾對臺灣土著民族缺乏系統的了解，這是很可惜的。如果在正式的教育課程中教導了臺灣土著民族的歷史文化，漢人對原住民應會因了解而尊重，原住民也會因自己的歷史文化成為教育的題材而產生自尊。

　　要對臺灣土著民族有基本認識，必須了解「南島語系」與「南島語族」的概念。臺灣的高山族與平埔族的語言都屬於南島語系(Austronesian language family)，又稱馬來亞玻里尼西亞語系(Malayo-Polynesian language family)。南島語是世界上種類最多(約五百種)的語系，也是地理分布最廣的語言(見圖表 9)，全世界大約有二億七千萬的人講這類語言。也就是說，臺灣土著民族講的語言與馬來語(印尼語)、菲律賓諸語言，屬於同個語系，遠古時代同出一源。不過，讀者須知，同個語系並不就「講得通」，拿漢語來說，它與藏語同屬漢藏語系，彼此

「講不通」，漢語之間的各個語言也往往講不通。例如，閩南語、客語與國語都屬於漢語，但彼此間是無法不經學習就相通的；即使閩語(閩東語、閩北語、閩南語)之間也大多不相通。不同的語系，就像不同棵的樹木，各有各自的主榦與枝椏，各枝椏之間的關係視彼此的距離而定。臺灣土著民族的語言與東南亞諸島的語言，是從同個樹榦分生出來的，但枝椏之間的關係，或近或遠，頗為複雜。

　　臺灣土著民族的語言在世界南島語的研究上占著非常重要的地位，關係到古南島語的重建與南島語族的遷移等大課題。澳洲學者 Peter Bellwood 認為南島語是從臺灣擴散(並分化)到東南亞與大洋洲的。這個過程從距今六千年前開始，在公元九世紀時抵達紐西蘭。語言大抵跟著講這話的族群走，因此這個理論也與南島語族的遷徙息息相關。然而，臺灣並不是南島語的起源地，Bellwood 與一些學者認為南島語起源於中國東南，但已尠少痕跡可尋。

　　關於南島語是否從臺灣擴散出去，學界尚無定論。值得注意的是，過去有一種理論認為泰雅語群非常接近古南島語(Proto-Austronesian)，是古南島語的直接分支，但新近的研究指出卑南語、魯凱語，以及鄒語位階更高，也就是更古老的意思。另一派學者主張，臺灣土著民族的語言是古北印尼語的分支，與古

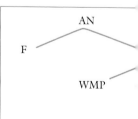

圖表 9 南島語系分布圖

F	Formosan Languages／臺灣南島語（福爾摩沙語）
₊₊WMP	Western Malayo-Polynesian Languages／西馬來亞—玻里尼西亞語
CMP	Central Malayo-Polynesian Languages／中馬來亞—玻里尼西亞語
SHWNG	South Halmahera West New Guinea／南哈馬黑拉—西新幾內亞語
Oc	Oceanic Languages／大洋洲語
✱✱✱	Papuan Languages／巴布亞語

地圖呈現南島語系語言傳布的各個階段，由彼得・貝爾伍德（Peter Bellwood）所製
來源：David Blundell ed. 2000；順益臺灣原住民博物館提供

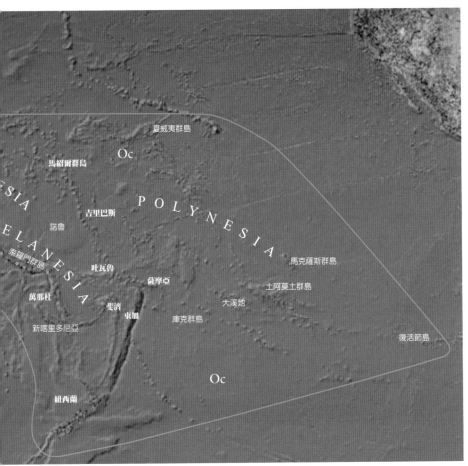

南島語系譜系圖

AN	Austronesian Language Family／南島語系
F	Formosan Languages／臺灣南島語（福爾摩沙語）
MP	Malayo-Polynesian Languages／馬來亞—玻里尼西亞語
WMP	Western Malayo-Polynesian Languages／西馬來亞—玻里尼西亞語
CEMP	Central Eastern Malayo-Polynesian Language／中東馬來亞—玻里尼西亞語
CMP	Central Malayo-Polynesian Languages／中馬來亞—玻里尼西亞語
EMP	Eastern Malayo-Polynesian Languages／東馬來亞—玻里尼西亞語
SHWNG	South Halmahera West New Guinea／南哈馬黑拉—西新幾內亞語
Oc	Oceanic Languages／大洋洲語

南島語關係頗遠。此外，考古、地理與語言證據顯示，古南島語的老家可能在印尼與新幾內亞一帶。

無論如何，臺灣各個土著民族之間的關係，並不是一個籠統的「原住民」名稱就可以概括的。他們之間的語言，有些差別很大，彼此「講不通」。土著民族之間的往來情況很不一致，各族與外界的接觸亦不同。李壬癸根據語言學上的證據，認為臺灣東北與東岸的土著民族（包括噶瑪蘭、阿美、卑南），似乎與菲律賓北部保持密切的關係，最近一百年才中斷。噶瑪蘭在本島與馬賽、阿美、凱達格蘭都有所接觸。不過，北部平埔族（凱達格蘭）與西部平埔族（道卡斯、巴布拉、貓霧捒、和安雅等）似乎沒什麼接觸。高山族與平埔族之間較少往來；高山族彼此之間也少有往來。

南島語族來臺的時間先後可能也相差甚遠。目前的研究指出，平埔族如凱達格蘭、噶瑪蘭與西拉雅「漂洋渡海」來臺的時間相當晚，可能距今約二千年前，或更晚。換句話說，如果臺灣是南島語族向東南亞擴散的起點，幾千年後，有些南島語族又回流到臺灣。

第四章

「美麗島」的出現

在歐洲人「發現」臺灣之前，臺灣是南島語族的臺灣。他們之間不論有無接觸，基本上是活在各自的時間之流裡，「無曆日文字」。我們無意在此製造現代神話，把原住民的世界描繪成「世外桃源」；他們彼此之間也有衝突與戰爭，族群的遷移有時是為了逃避他族的迫害，如猴猴之受迫於泰雅族。不過，為歐洲人發現以及其後的發展，給原住民的世界帶來了極大的衝擊，打亂了千百年來的社會、文化與自然生態。

　　一個人盡皆知的歷史插曲是，十六世紀當葡萄牙人航經臺灣時，望見島上草木翁鬱，綠意盎然，遂稱臺灣為「Ilha Formosa」。葡萄牙語的 Ilha 是島，Formosa 意為「美麗的」，Ilha Formosa 即「美麗之島」。這是臺灣被歐洲人稱為 Formosa 的來源。這樣一個美麗的名字，即使到現在還往往能引人遐思。只不過，如果同一批人再坐船經過臺灣，看到山頭滿目瘡痍的臺灣，是否還會稱它為「美麗之島」？實在教人懷疑。

　　在歐洲人發現臺灣以前，臺灣早就為近鄰所知。我們在第二章指出，臺灣與亞洲大陸在冰河期曾幾度連接在一起，那是遠古時代的事。在中國古籍中有若干疑似臺灣的記載，但猜測居多。《三國志・吳書》〈孫權傳〉中的「夷洲」比較有可能為臺灣，不過，

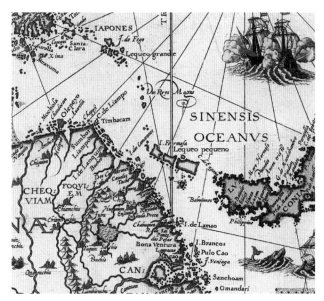

4.1 〈中華領土及海岸線精確海圖〉細部

Exacta et accurata delineatio cum orarum maritimdrum tum etjam locorum
terrestrium quae in regionibus China, 1596。此古荷蘭地圖將臺灣繪成
三個島 荷蘭航海家林斯豪頓(Jan Huygen van Linschoten)繪製。
來源：南天書局提供

學者間仍有爭議；《隋書》〈東夷列傳〉「流求國
傳」的「流求」一般認為指臺灣，但也有認為指今天
的琉球(沖繩)。如果指臺灣，那麼，在隋代，中國已
知道臺灣這個島嶼的存在，也派兵來攻打過。不過，
我們必須了解，知道臺灣不等同於統轄臺灣，中國與
臺灣真正發生密切關係，要到明朝中葉以後。(「臺
灣」這個名稱出現很晚，容後敘述。)

　　歷史的發展，有時不是用現代的觀念能加以了
解的。今天，臺灣與澎湖是一體的，但在明鄭以前，

臺灣與澎湖各有自己的歷史脈絡。澎湖與中國的關係發生很早，宋代即有漢人定居(約在十二世紀)。元朝時，澎湖正式成為元帝國的一部分。但是，僅有一水之隔的臺灣卻一直要到清朝才被收入版圖，成為大清帝國的一部分。何以如此呢？寫〈東番記〉的陳第，也有類似的疑問。原因很難確知。也許因為臺灣自古就是南島語族的居住地，當宋代漢人在澎湖定居下來時，常受到對岸「島夷毗舍邪蠻」的侵掠，漢人移民因此畫地自限吧？關於「島夷毗舍邪蠻」，另一種說法指菲律賓。

臺灣成為漢人移民的地區，始於荷蘭東印度公司的獎勵。但這並不是說，其前沒有漢人來此居住。臺灣沿岸早有零星的漢人定居，也曾經是商人與海盜的駐腳地。海盜的興起與明國對外政策有關。唐宋以來，環中國海域發展出相當活絡的海上貿易，臺灣雖然離中國甚近，但因不在國際交通幹線上，自成一孤立社會。明太祖即位後，實施朝貢貿易與海禁政策，導致東亞貿易圈的衰退。所謂朝貢貿易，指外國惟有接受中國的冊封，方能藉著朝貢的名義與中國進行有限度的貿易。朝貢貿易導致供需間的不平衡，亞洲國際商品的自由流通也受到阻礙。十六世紀，由於中國(明朝)與日本(足利幕府)政府的勢力衰退，海上的走私貿易遂活躍起來，「倭寇」猖獗。這時期所謂的倭

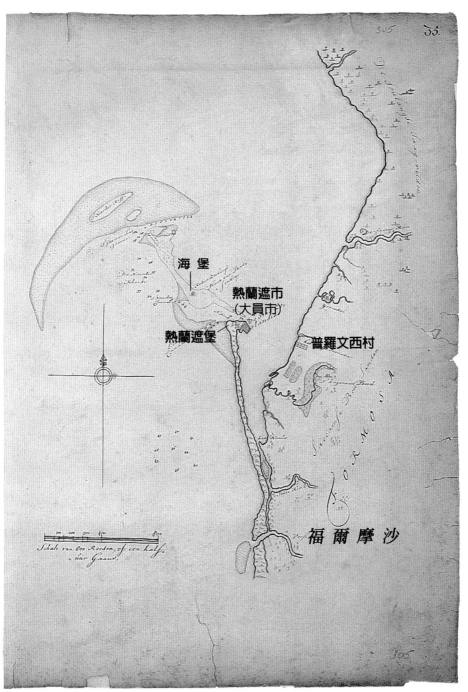

海 堡

熱蘭遮市
（大員市）

熱蘭遮堡

普羅文西村

福爾摩沙

4.2 十七世紀大員地區手繪地圖（中文譯名為作者所加） 來源：荷蘭海牙國立檔案館圖片部提供

A. l'Hôtel du Gouverneur. C. le pond de Zeilly. Harnois et instruments de guerre. G. le Marche. I. le Quar
B. le Temple. D. logis du Mareéal de la Compagnie. E. la haute justice. F. la Boucherie. H. la Prison. K. le Rête

4.3 **大員島的熱蘭遮市街與城堡**（一六七〇年問世）　來源：南天書局提供

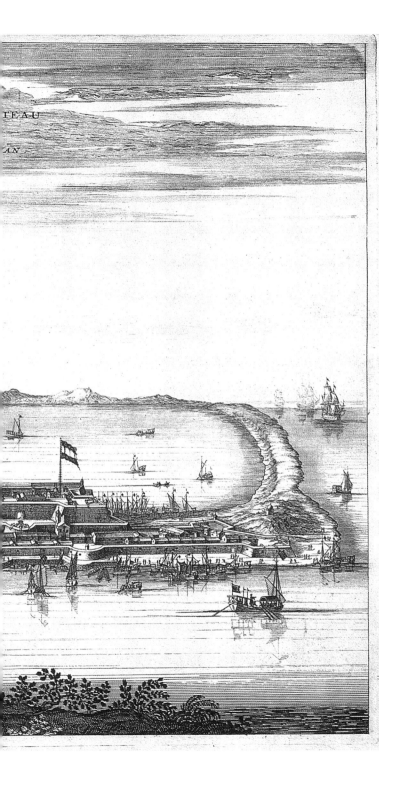

TEAU

AN

寇，其實領導層大多為中國人。由於走私貿易興盛，
中國沿海交通路線也多樣化了，於是原先外於國際路
線的臺灣，成為交通路線的要地之一。此時，葡萄牙
人也出現在此一海域，使得東亞貿易圈與歐洲交易圈
發生直接的關係。西班牙人與荷蘭人相繼來到。

　　臺灣位於新的東西洋(約當今天的東南亞)諸航
路的路線上，又不屬於只對朝貢國開放門戶的明國版
圖，因此，在十六世紀末葉到十七世紀初期，為亞
歐諸國所矚目。荷蘭在一六○二年成立「聯合東印
度公司」(Vereenigde Oostindische Compagnie，簡稱
VOC)，一般稱為「荷蘭東印度公司」，與「英國東
印度公司」對稱。荷蘭東印度公司的成立是為了保護
荷蘭在印度洋的貿易，並協助荷蘭的獨立戰爭(1568-
1648)，目的在掙脫西班牙的統治。荷蘭政府賦予該
公司在好望角與麥哲倫海峽間的貿易專利權，與締
約、築城、維持軍備、設立殖民地等權利。換言之，
即國家把對外貿易與領土擴張的權力委託給聯合壟斷
的公司去經營。荷蘭東印度公司在幾位能力高強的總
督領導下，打敗英國艦隊，也大抵取代了葡萄牙在東
印度群島(今東南亞諸島)的勢力。

　　為了與中國貿易，荷蘭東印度公司在中國沿海
尋找能夠停泊船艦的貿易根據地與中途站。然而他們
在中國沿岸的嘗試失敗，最後只好轉而占據澎湖，

4.4 熱蘭遮城(安平古堡)
　 城牆遺蹟之一
　　 彭裕峰拍攝

4.5 熱蘭遮城(安平古堡)
　 城牆遺蹟之二
　　 彭裕峰拍攝

一六二二年開始在該島建築防禦工事。但澎湖為中國屬地，一六二四年中國出兵澎湖，經調解協商後，荷蘭東印度公司從澎湖撤退，改而占領非中國領土的臺灣。他們在荷蘭文稱為 Tayouan 的地方建起新的堡壘。Tayouan 即「大員」，在今天臺南安平；「大員」或寫成「臺員」、「臺灣」，後來成為臺灣島的全稱。荷蘭人蓋城的地方原為半島，但今天海灣已為泥土所淤積，變成陸地。

荷蘭人在大員半島建立的堡壘，經過改建，在一六二七年定名為熱蘭遮堡(Fort Zeelandia)，或稱熱蘭遮城、大員城。安平古堡指的就是熱蘭遮城。從圖 4.3，我們可以看到這個城堡有四個稜堡，頗為可觀，城堡外的棋盤式市街顯示出義大利文藝復興的影響。另外，在對岸，也就是今天的臺南市，明末逃難而來的中國移民漸增，形成市鎮，名為普羅文西(Provintia)，一六五六年荷蘭政府在該地興建一座城堡，即普羅文西城。該城堡於一八六二年毀於地震，一八七五年清政府於同一地點蓋了城樓，即赤崁樓。現在臺南市還看得到普羅文西城的城牆。附帶一提，無論是熱蘭遮城或普羅文西城，都是西方式的城堡(castle)，與中國的城不一樣。中國的城包括市街，西洋式的城堡與日本近似，市街在外。從圖 4.3，可以清楚地看到熱蘭遮城與「大員市」(又稱熱蘭遮市；

4.6 《臺灣縣志》（嘉慶十二年）中的赤嵌城
　　（普羅文西城）

4.7 立石鐵臣版畫中的普羅文西城
　　來源：《民俗臺灣》第二卷第五號封面

4.8 今天的赤崁樓　彭裕峰拍攝

4.9 小早川篤四郎〈社寮島之西班牙紅毛城〉畫面左側即位於今基隆和平島上的
聖薩爾瓦多城。　來源：《臺灣歷史畫帖》1939

Stad Zeelandia)的空間配置，也就是市街、城堡分離。
郁永河說臺灣(大員)、赤崁(普羅文西)二城「非有埤
堄闉闍，如中國城郭，以居人民者也」，即指此。

　　從一六二四年占領臺灣到一六六二年被鄭成功驅
逐，荷蘭東印度公司統轄臺灣前後共三十九年。在這
期間，西班牙人於一六二六年占領臺灣北部淡水、基
隆一帶，建立城堡，但在一六四二年為荷蘭人驅逐。
西班牙人也在臺灣北部留下痕跡，例如三貂角──西
班牙艦隊最初停泊之海灣──就是來自西班牙文聖
地牙哥。荷蘭人驅逐西班牙人之後理論上擁有「全
臺」，實際上並未有效統轄全島。荷蘭統治臺灣最初
十幾年，勢力範圍不出大員一帶，但自一六三五年開

始，積極討伐大員附近村社，並向外擴張。到荷蘭人
被驅逐出臺時，其勢力範圍擴張到北部、中部，與東
部。根據荷蘭人編製的「番社戶口表」，一六四七年
荷蘭管轄的原住民村落共二百四十六社，人口六萬
二千八百四十九人；一六五〇年，三百一十五社，共
六萬八千六百五十七人。據估算，此一人口數大約占
全島原住民人口的 40-50%。也就是說，荷蘭人大約管
轄了四成到五成的原住民人口。研究指出，荷蘭與原
住民的接觸程度與範圍，可能超乎我們的想像。「紅
毛番」的影子似乎存在許多原住民世代相承的集體記
憶裡。

荷蘭人的統治，確實給南部的土著民族留下一
些深遠的影響。我們知道，臺灣土著民族一直沒有文
字，荷蘭人來臺後，為新港社人創造了一套羅馬拼音
文字，即所謂的「新港語」，是臺灣南島語族有文
字的開始。新港社在今天的臺南新市，是荷蘭人傳
教士最初布教的村社。荷蘭東印度公司負擔有傳教
的任務，傳教人員是公司的職員。荷蘭人占領臺灣
後，基督教的傳布隨之而來。一六二七年第一任牧師
Georgius Candidius 抵達臺灣，先在新港學習當地語言
（新港語），並著手在該社布教。大員附近的幾個著名
的社是：新港、麻豆(今麻豆)、蕭壟(今佳里)、目加
溜灣(今善化)與大目降(今新化)，他們都屬於西拉雅

Cap. j.   fol: 1

Het H. Euangelium

na [de beſchrijvinge]

MATTHEI.

Het eerſte Capittel.

1 HET Boeck des Geſlachtes Jeſu Christi, des ſoons Davids / des ſoons Abȝahams.

2 Abȝaham gewan Iſaac. ende Iſaac gewan Jacob. ende Jacob ghewan Judam / ende ſijne bȝoeders.

3 Ende Judas ghewan Phares ende Zara by Thamaȝ. ende Phares ghewan Eſrom. ende Eſrom gewan Aram.

4 Ende Aram gewan Aminadab. ende Aminadab gewan Naaſſon. ende Naaſſon gewan Salmon.

5 Ende Salmon ghewan Booȝ by Rachab. ende Booȝ gewan Obed by Ruth. ende Obed ghewan Jeſſe.

6 Ende Jeſſe ghewan David den Koningh. ende David de Koningh gewan Salomon by de ghene die Urias

---

Hagnau ka D'lligh

Matiktik ka na ſaſoulat ti

MATTHEUS.

Naunamou ki lbægh ki ſoulat.

1 Soulat ki kavouytan ti JEZUS CHRISTUS, ka na alak ti David, ka na alak ti Abraham.

2 Ti Abraham ta ni-pou-alak ti Iſaac-an. ti Iſaac ta ni-pou-alak ti Jakob-an. ti Jacob ta ni-pou-alak ti Juda-an, ki tæ'i-a-papar'appa tyn-da.

3 Ti Judas ta ni-pou-alak na Fares-an na Zara-an-appa p'ouh-koua ti Thamar-an. Ti Fares ta ni-pou-alak ti Eſrom-an. Ti Eſrom ta ni-pou-alak ti Aram-an.

4 Ti Aram ta ni-pou-alak ti Aminadab-an. Ti Aminadab ta ni-pou-alak ti Naaſſon-an. Ti Naaſſon ta ni-pou-alak ti Salmon-an.

5 Ti Salmon ta ni-pou-alak na Boös-an p'ouh-koua ti Rachab-an. Ti Boös ta ni-pou-alak na Obed-an p'ouh-koua ti Ruth-an. Ti Obed ta ni-pou-alak ti Jeſſe-an.

6 Ti Jeſſe ta ni-pou-alak ti David-an ka na Mei-ſaſou ka Si bavau. Ti David ka na Mei-ſaſou ta ni-pou-alak ti Salomon-an p'ouh-koua

A

CHAP. I. (1) THE book of the generation of Jesus Christ, the son of David, the son of Abraham. (2) Abraham begat Isaac ; and Isaac begat Jacob ; and Jacob begat Judas and his brethren ; (3) and Judas begat Phares and Zara of Thamar ; ar.? Phares begat Esrom ; and Esrom begat Aram ; (4) and Aram begat Aminadab ; and Aminadab begat Naasson ; and Naasson begat Salmon ; (5) and Salmon begat Booz of Rachab ; and Booz begat Obed of Ruth ; and Obed begat Jesse ; (6) and Jesse begat David the king ; and David the king begat

A

4.10 新港語《馬太福音》內文首頁書影(左為荷蘭語，右為新港語)

來源：William Campbell ed. 1888；南天書局 1996 復刻

族。一六五九年，新港、麻豆、蕭壠、目加溜灣熟諳教理的信徒比例分別為：83%、51%、48%、76%。

荷蘭牧師教導土著民族用拉丁字母書寫他們的語言；所謂用拉丁字書寫，就是用拉丁字母（又稱羅馬字）來表音，把語言拼寫出來。我們社會上一般人常常把拉丁化或羅馬化的文字當作英文，這是不正確的。荷蘭牧師並且用新港語翻譯聖經與宗教教材。現存有一卷新港語與荷蘭文對照的〈馬太福音〉，是荷蘭牧師倪但理（Daniel Gravius）所譯。為了增進讀者的了解，在此迻錄二段新港語譯文。

〈馬太福音〉：

第一章第一節　亞伯拉罕的後裔，大衛的子孫，耶穌基督的家譜。

第六章第二十二節　眼睛就是身上的燈，你的眼睛若瞭亮，全身就光明。

新港語分別作：

1:1 Soulat ki kavouytan ti Jezus Christus, ka na alak ti David, ka na alak ti Abraham.

6:22 'Æuyng ki vouäl ta matta; Irou rou mapæuh-pæuh mariang ta matta oho, doumiaka ma ymd'-âl-ato maræmæh ta vouäl-oho.

兩相比對，我們可以解讀新港語，例如，alak 是「兒子、子孫」的意思；vouäl 是「身體」的意思；matta

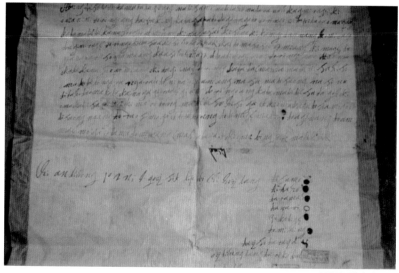

4.11 單語新港文書
來源：中央研究院
臺灣史研究所提供

4.12 雙語新港文書之一
來源：中央研究院
臺灣史研究所提供

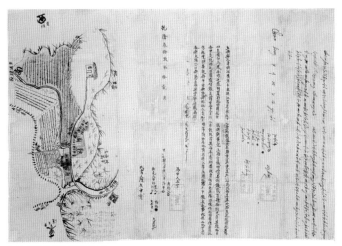

4.13 雙語新港文書之二
本契約以新港文和中文撰寫，新港文部分記載為乾隆三十七年十二月，
而中文則標示為乾隆三十九年十二月（西元1775年1月）。　來源：黃天
橫提供

是「眼睛」。今天菲律賓的 Tagalog 語、馬來語與斐
濟語的「眼睛」都還叫 mata，學者所重建的古南島語
中的「眼睛」也是 mata。長久以來，臺灣的新港語被
認為已經是個死的語言，不過，以這卷〈馬太福音〉
為契機，加上其他歷史性語料，二○○○年起，西拉
雅後裔和關心的人士積極致力於西拉雅語的復育工
作，頗受矚目。

　　荷蘭人雖然只統治臺灣不到四十年，他們教導
原住民使用文字，影響深遠。拉丁化的新港語在荷蘭
人離開後，繼續使用至少一百五十年。一般民間所說
的「番仔契」，就是用新港語書寫的土地契約，或單

張出現，或附在中文契約之後。日治時代學者將此類契約列為「新港文書」。目前有登錄的新港文書中的契字，年代最晚的是嘉慶十八年(一八一三年)。這類的文書存留不多，舉世大約僅有一百五十件左右。圖4.11 是中央研究院臺灣史研究所采集到的一份「單語新港文書」，契尾的年代是 Chianliong 102 ni 4 goij，即乾隆十二年四月。平埔族在清代吸收不少漢語，契約用清朝年號，這裡的 Chianliong，ni 與 goij，需用閩南語來念，即乾隆、年、月。新港語的數目寫法特殊，按照口讀的方式記錄，如 32 寫成 302，632 寫成 600302。 圖 4.12 是中央研究院臺灣史研究所采集到的前所未錄的「雙語新港文書」，右邊是中文，左邊是新港文。這份契約大有玄機在，中文契約日期作乾隆三十年十月，新港語契約則作乾隆二十二年十二月。何以如此，有待專家進一步研究。由於西拉雅族有各種方言，拉丁字拼寫沒有一定的標準，時日一久語言發生變化，摻雜大量漢語，解讀新港文書並非易事。若遇字跡潦草，則難上加難。

　　臺灣的漢人社會的建立，不能不歸功於荷蘭東印度公司的招募。臺灣原先有漢人居住，但大都屬季節性的，人數亦不多。荷蘭人來臺後，獎勵漢人與日本人前來居住，從事稻米和蔗糖的種植。一六三八年，在臺灣荷蘭人管轄地區內的漢人約有一萬至一萬一千

名。荷蘭統治末期，臺灣的漢人人口可能有三萬五千人至五萬人之譜，漢人社會也就在臺灣建立起來。關於漢人的入臺開墾，我們留待下章敘述。

4.14 〈番社采風圖・捕魚〉
　　圖上題字：諸邑目加溜灣哆咯嘓等社壯番，以鏢鎗弓箭，在岸上射之，名曰捕魚。
　　諸邑，即諸羅縣。　　來源：中央研究院歷史語言研究所藏・提供

第五章

漢人的原鄉與移墾社會

自從荷蘭人招募漢人來臺從事農耕，漢人人口大量增加。一六六二年，鄭成功驅逐荷蘭人，以臺灣為反清復明的基地。這是漢人在臺設立政府的開始。鄭成功擊退荷蘭人後不久即去世，他的兒子鄭經與孫子鄭克塽相繼經營臺灣，直到一六八三年被清廷打敗為止。鄭氏政權在臺灣的建制，可以說是個小王朝的規模。在這裡，我們無意討論鄭氏政權的性質，本章的重點在漢人的移墾。

鄭氏政權不惟帶來為數可觀的軍隊，也致力於招徠人口。過去不像今天有完整的戶籍制度，人口數目可以準確地計算。學者只能根據各種資料，予以推測。據估算，明鄭時代臺灣的漢人人口約十二萬（或認為十五萬到二十萬之間），而當時約有十萬至十二萬的土著民族。換言之，在短短的二十餘年間，漢人人口即已匹敵土著民族，甚且超過。鄭克塽降清後，鄭氏政權關係人被遣回內地，漢人人口頓減近半，但後來移民不斷（無論渡臺禁令之有無、鬆嚴），人口成長一路領先原住民，到一九〇六年日本統治臺灣初期，土著民族人口只有十一萬三千餘人（不含平埔族），漢人則約有二百九十萬人。平埔族在一九三六年有五萬八千二百一十九人，一九四三年有六萬二千一百一十九人。根據內政部統計，二〇一五年年底，臺灣原住民（山地原住民和平地原住民）有五十四

萬六千六百九十八人，漢人人口則是二千二百數十餘
萬以上的壓倒性多數。

　　日治以前，臺灣的漢人主要來自海峽對岸的閩粵
兩省。但漢人也不是平均地從閩粵兩省的各個地方移
來，基本上以圖表 10 的十府・州為主，其中福州府、
興化府、永春州、泉州府、漳州府、龍巖州、汀州府
屬福建省，潮州府、嘉應州、惠州府則屬廣東省。由
於福建移民以漳泉兩府最多（泉多於漳），客家人因語
言風俗自成一格，因此在清代，大都將臺灣的漢人移
民分成漳、泉、客民三大類。一般認為福佬人來自福
建，客家人來自廣東，是不精確的說法，因為臺灣的
客家人不全來自粵省，也有來自福建汀州府的客庄；

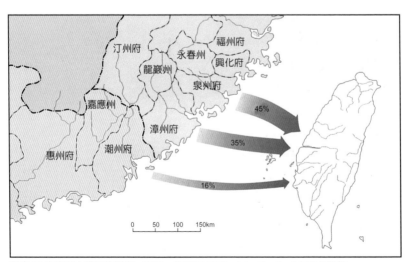

圖表 10 臺灣漢人移民的原鄉　來源：施添福 1987；John Shepherd 1993（重繪）

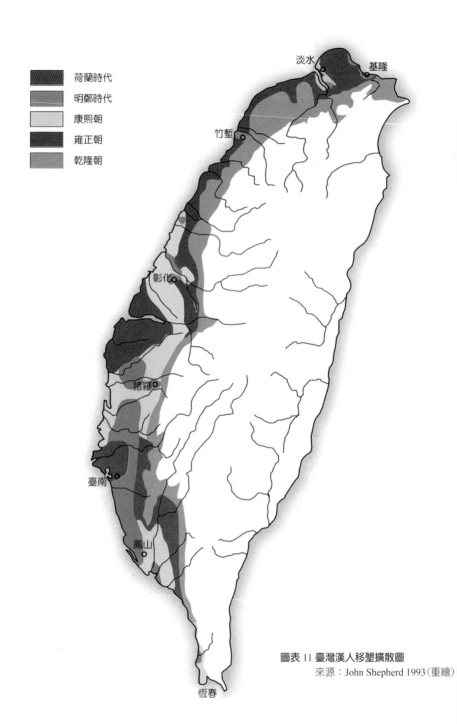

荷蘭時代
明鄭時代
康熙朝
雍正朝
乾隆朝

淡水　基隆

竹塹

彰化

諸羅

臺南

鳳山

恆春

圖表 11 臺灣漢人移墾擴散圖
來源：John Shepherd 1993（重繪）

潮州、惠州也非全為客縣。以「粵」指稱客家人，是長期以來的淆混，日本統治時代又加深混亂，例如「廣東人」指客家人，「廣東語」指客話。

清代臺灣漢人的漳、泉、客人口比例如何呢？可以說，因時而異。概括而言，臺灣剛被收入清版圖時，漢人移民大都來自漳、泉兩府，幾無客民。乾隆末年(十八世紀結束前)，「按全臺大勢，漳、泉之民居十分之六七，廣民在三四之間。以南北論，則北淡水、南鳳山多廣民，諸、彰二邑多閩戶；以內外論，則近海屬漳、泉之土著，近山多廣東之客莊」。(按，「廣民」指客民)此一「族群」的分布情況，大致維持到清末臺灣割讓時，但有局部性的調整，如漳人進入噶瑪蘭地區(宜蘭)，客民退出臺北盆地向竹塹一帶(新竹)集中。根據日本時代的調查資料，泉州人主要分布於西部沿海平原與臺北盆地；漳州人集中於西部內陸平原、北部丘陵與蘭陽平原一帶；客家人聚居於西部的北側與南側的丘陵、臺地或近山的平原地帶。

漳、泉、客民的地理分布是一個饒富趣味的問題。眾所周知，泉州人居於濱海平原，漳州人居於平原內緣，客家人則分布在丘陵臺地。何以如此？長期以來流行「先到先占」的說法，認為泉人先來，占到最好的地區，漳人次到，所以往內陸住，客家人最晚

到，只剩下靠山的丘陵地。這種說法表面看來言之成
理，但不符合歷史的真實。根據施添福教授的研究，
漳、泉、客民之所以定居於不同的地區，是與他們的
原鄉生活方式息息相關的。 舉例來說，客家人雖然
入臺較晚，但至遲到康熙末年應已大量移入臺灣，當
時臺灣未開闢的曠土尚多，除嘉南平原外，還有許多
濱海地帶，客民沒必要一定要沿山而居，但結果如
此，這就需要解釋。

　　根據研究，明末清初時泉州人「捨本逐末」的風

5.1 **盛裝的臺灣士紳**　來源：鷲巢敦哉編 1941

5.2 **踩龍骨車**　來源：《臺灣時報》第 94 號 19.

5.3 **大稻埕的節慶**　來源：竹越與三郎 1905

　　氣很盛，他們靠海維生，過著以行賈、販洋、工匠、
漁撈、養殖、晒鹽為主業的生活，所以當他們渡海來
臺謀生時，自然選擇濱海地區居住。漳州雖然與泉州
緊鄰，但農業一直是經濟基礎與生活中心，當他們冒
險來臺時，選擇內陸平原乃順理成章之事。客民的原
鄉是山鄉，他們在山地一直過著農耕的生活方式，擅
長河谷平原、丘陵地、山地的耕種技能。對他們而
言，海是陌生的。當他們抵達臺灣時，平原自然是理
想的耕作地區，但他們比漳泉移民多出一項選擇，也
就是能在與故鄉相似的地理環境從事山區農耕。

　　對現代人來說，原鄉生活方式具有如此大的決定

力量，是很難想像的。不過，我們必須了解：在近代
以前的社會，絕大多數的人不識字，個人的謀生技能
往往是跟父親或鄰人學習到的，而且這樣的技能通常
無法轉換(一生只會一種技能)。如果一個男子學會了
漁撈，要他改作農耕，非常困難。倘使他必得馬上賺
活，那就只有「黔驢故技」可施了。現代社會的「職
前訓練」很不一樣，普遍識字教育為社會培養一批工
商業的基本勞動力，具有空間的流動性。比如，一個
在甲地百貨業賣商品的人，可以在短期間內轉到乙地
的工廠上班。反之，前近代社會沒有放諸四海市場皆
準的普遍職前教育，人們移居時，是帶著各自的「一
技之長」移居的。明乎此，就能了解下面這則笑話背
面的真義。美國中北部明尼蘇達州的冬季，長而酷
寒，州民多為挪威移民的後裔。一般人愛笑他們：怎
麼那麼笨，家鄉已經夠冷了，為什麼移來美國還要選
那麼冷的地方！

　　原鄉不惟影響了漢人移民在臺灣的地理分布，
他們所建立起來的社會，到處看得到唐山(尤其是中
國華南)的影子。然而，臺灣漢人社會也有作為邊疆
移墾社會的獨特性。這種雙重性格充分表現在臺灣漢
人社會的宗族組織上。祖先崇拜是漢人自古以來的文
化特色之一；漢人社會的宗族是以血緣系譜為主的組
織，一般置有祭田或祖嘗，在臺灣則稱為「祭祀公

5.4 **龍山寺**　來源：《臺北市政二十年史》1940

5.5 **野臺戲**　來源：Edward Band 1936；成文 1972 復刻

5.6 臺南大天后宮的廟埕　來源：Richard Goldschmidt 1927

5.7 **范謝將軍**　來源：安藤元節編 1932

業」，亦即為祭祀祖先而購置的共有產業。早期的臺
灣漢人移民大都只作短暫停留的打算，因此沒有祭祀
祖先的問題。但逐漸定居下來，移民就有祭祖的需
要，他們通常由在臺的宗族成員醵資派人前往本籍祭
祖。時日一久，漸漸感覺回鄉祭祖的不便，而且在臺

的宗族成員繁衍已多，於是開始有人倡導建祠堂、設公業。

　　早期出現的祭祀團體由在唐山有共同遠祖的宗族成員組成，祭祀共同的「唐山祖」；他們通常來自同一祖籍地，同姓但不必然有直接的血緣關係。等到有些宗族在臺灣繁衍了三、四代，其成員也成立祭祀團體，祭祀第一位來臺的祖先——「開臺祖」。學者稱前者為「唐山祖宗族」，後者為「開臺祖宗族」。若以組成的原則來分，前者采自願加入方式認股出錢，因此又稱「合約字祭祀團體」，後者由特定祖先之後代在鬮分財產時抽出一份來充當祭祀公業，所以稱為「鬮分字祭祀團體」。這兩種團體可以重疊存在，一個「唐山祖宗族」可能包括若干個「開臺祖宗族」。「開臺祖宗族」的組織是中國傳統社會的典型，「唐山祖宗族」則是移民社會特有的現象。

　　作為漢人移墾社會，臺灣另一個與原鄉同中有異之處是土地租佃制度。眾所周知，清代臺灣有大小租問題。大小租換個講法，就是一田兩主，即一塊地屬於兩個主人，不過兩人擁有的「權」不同，一為土地所有權，一為〔長期或永久〕使用權。一田兩主，或一田多主的制度不是臺灣獨特的，也見於臺灣漢人的原鄉漳州、福州、汀州；中國華中地區也有此一現象。臺灣的大小租起源與土地原先的所有權觀念

有關。理論上，未開墾的土地不是屬於官府，就是屬於原住民（番地）。想要開墾的人必須向官府申請「墾照」（開發執照），取得墾照者（業戶）必須在一定期限內招佃開墾，然後報丈陞科，繳納正供（即報官丈量，按等納稅）。由於業戶向官府申請的土地面積通常很大，不是自己所能耕作得了的，於是將土地劃分為數塊，招徠墾佃開墾。墾佃向業戶繳一定的地租，稱為「大租」。墾佃又可招來耕佃，替他耕作。耕佃向墾佃繳地租，稱為小租。業戶因收取大租，稱大租戶；墾佃收取小租，稱小租戶。業戶必須向官府繳稅，墾佃不必。如果一般讀者還不是很清楚大小租制

5.8 傳統的臺灣農舍庭院　來源：Edward Band 1936；成文 1972 復刻

度，容我作個比喻。如果拿房子來說，大租戶就是屋
主（大房東），小租戶是二房東，他們分別向房客收取
房租，但只有屋主（大房東）須繳稅給政府。複雜的
是，小租戶大都擁有永佃權，即永久耕作權，並且可
以自由地典售佃權。就像二房東可以永遠租賃該屋，
並自由處分他的永賃權——如不須屋主同意，將永賃
權轉賣他人。

　　以上講的是典型的大小租，臺灣的情況特殊在
於許多「曠地」原先屬於平埔族，在漢人拓墾的過程

5.9 黃土水作品〈水牛群像〉

5.10 水牛的放牧 來源：《臺灣統計要覽（大正二年）》1915

中，平埔族的土地不斷落入漢人手中。下一章我們將
討論漢人如何取得土著民族土地的問題。在這裡，我
們要說明的是，臺灣的大租有所謂的「番大租」，
也就是由原住民將土地租給漢人耕墾，向漢人收取大
租，是為番大租。漢人成了小租戶，再將土地給漢人
耕佃耕作，收取小租。清代還有隘屯等制度，實際的
情況非常複雜，在此就不細說了。

臺灣作為移墾社
會，有什麼特色呢？
道光十三年（1833）來
臺任北路理番同知兼
鹿港海防的陳盛韶，
在《問俗錄》中對臺
灣社會的特色多所著
墨，有些情況我們在
前面已經提過了，在
此舉幾個未觸及的問
題。其一、游民（羅漢
腳）特多，他們「嫖
賭、摸竊、械鬥、樹
旗，靡所不為。……
游食四方，隨處結
黨，……臺灣之難治

5.11 剝通草的臺灣女性
來源：《新竹州時報》創刊號 1937

年份	省	府	縣	廳	轄地範圍
康熙23年—雍正元年 1684-1723	屬福建省	臺灣府	諸羅縣 臺灣縣 鳳山縣		①
雍正元年—嘉慶17年 1723-1812	同上	臺灣府	彰化縣 諸羅縣(1787年改稱嘉義縣) 臺灣縣 鳳山縣	淡水廳 澎湖廳	②
嘉慶17年—光緒元年 1812-1875	同上	臺灣府	彰化縣 嘉義縣 臺灣縣 鳳山縣	淡水廳 澎湖廳 噶瑪蘭廳	③
光緒元年—13年 1875-1887	同上	臺北府	淡水縣 新竹縣 宜蘭縣	基隆廳	④
		臺灣府	彰化縣 嘉義縣 臺灣縣 鳳山縣 恆春縣	澎湖廳 埔裏社廳 卑南廳	
光緒13年—20年 1887-1894	臺灣省 ⑤	臺北府	淡水縣 新竹縣 宜蘭縣	基隆廳	同上
		臺灣府	苗栗縣 臺灣縣 彰化縣 雲林縣	埔裏社廳	
		臺南府	嘉義縣 安平縣 鳳山縣 恆春縣	澎湖廳	
		臺東直隸州			

圖表 12 清代臺灣行政區劃

表格說明

①臺灣府所轄區域約為臺灣西南平原地區。

②約占臺灣島三分之一強的面積。

③臺灣府轄地於1812年擴展至噶瑪蘭廳，約今宜蘭縣一帶。此為清政府首度將臺灣東海岸納入版圖。

④1874年牡丹社事件顯示日本對南臺灣及東臺灣一帶，尚未受清朝行政管轄的原住民區域興趣濃厚。事後清廷決定將全島納入管轄，並設置行政機構以管理東部地區，範圍北起蘇澳，南至臺灣島的最南端。

⑤1883-1885年清法戰爭後，清廷決定將福建省臺灣府升格為臺灣省。臺灣省下轄三府一直隸州。

5.12 **揀茶** 來源：《臺灣統計要覽（大正二年）》1915

在此。」游民是械鬥的要角。其二、地方為「總理」
所掌控，總理「流品混淆，清濁不分……變亂黑白，
武斷鄉曲」。他們「變亂黑白，武斷鄉曲」，與今天
的某些地方勢力，隔代輝映。其三、「富戶不重讀詩
書，講禮義」，只想與官府勾結，而「貧人謀生又勢
不能學」。也就是說，有錢人不學，窮人不能學，以
至於「學校不振，文風日衰」。這些當然都不是正面
的評價，讀之令人不快。然而，一百八十餘年後的臺
灣，是不是還殘留著一些移墾社會的影子呢？移墾社
會的文化和風習有好與不好，端視我們肯認哪些價值
而予以發揚、捨棄，或轉化。

第六章

漢人與原住民的關係

首先必須向讀者道歉的是，本章為行文簡潔起見，有時沿用清代的觀念，用「番」來指稱土著民族。這是不得已的作法，不是出於不敏感，或心懷輕視。我們加了引號，表示有保留地使用歷史名詞。

在第一章，我們提到族群史觀的問題。過去講漢人移墾，大都從漢人的觀點來談，背後不自覺的假設是肯定土地開發，甚且有類似「漢人開發血淚史」的感情投射在內。漢人大舉來臺拓墾，有原鄉的「外推」(push)力量，也有臺灣本身的「吸引」(pull)因素。由於早期「禁無照渡臺」，大多數的移民以偷渡的方式來臺，過程有如穿越地獄，死亡率相當高。此外，清朝統治前期又禁止攜眷，導致多數年輕男子無法成家，形成為數眾多的「羅漢腳仔」，光棍而終。這些都是令人同情的歷史。但是，對土著民族而言，這又是怎樣的一個過程呢？

「蓽路藍縷，以啟山林」可以用來形容漢人對臺灣的拓墾——這個過程彷彿尚未結束！臺灣在康熙末年許多地區還是未闢之地，但所謂的「曠地」是從漢人的眼光來看，對居住在平地賴移耕與游獵維生的土著民族，「草埔」就是生計之所託。這些土地在一兩百年內幾乎全都開闢成田，落入漢人手中。這個過程很複雜，與其說清朝政府不保護土著地權，毋寧說是保護失敗。

　　清朝政府承認土著地權，並有種種措施防止漢人侵墾「番地」。清朝統治臺灣採取漢「番」隔離政策，不准漢人進入「番地」，分界即一般所說的「土牛紅線」。「紅線」指地圖上用紅筆劃出的界線，在地表上則有土牛與土牛溝的有形界線。土牛溝是挖出

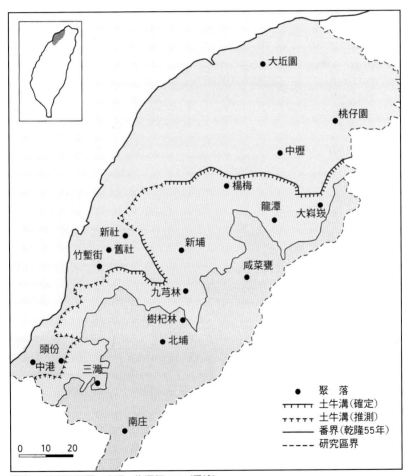

圖表 13 竹塹三區圖　來源：施添福 1996（重繪）

6.2 〈臺灣番界圖〉（局部）

　　說明：此一地圖繪於乾隆二十五年（1760），圖中所示是笨港到大甲溪一帶，可
以清楚看到土牛紅線的紅線。藍線是新番界，更往內山推移。

　　來源：中央研究院歷史語言研究所藏・提供

6.1 〈**番社采風圖·守隘**〉 圖上題字：守隘，臺郡各縣番民附近生番居住者，伐竹木為欄，每日通事土目派撥番丁，各帶鏢鎗弓箭，以防生番出沒。　來源：中央研究院歷史語言研究所藏·提供

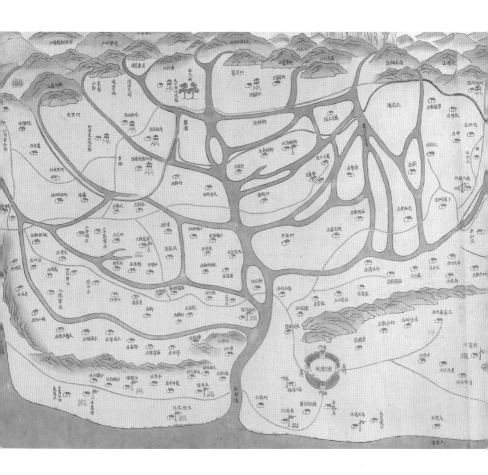

6.4 新《臺灣原漢紅藍線界址圖》局部圖　約繪於1787年。　來源：侯氏家族提供
　　這張界址圖附有題詞：「圖中界址以紅線為舊界，藍線為新界。臺、鳳、諸三邑仍
照舊界，只畫紅線；彰化縣另定新界，是以藍紅二線並畫；淡防廳屬向址山口設立
界碑，並未通身定界，故無紅線，但照新定界址繪畫藍線。」此圖有趣之處在於
標示出「土牛溝」和「土牛」，這在其他同類地圖皆未見。如細看頁97地圖上
方，即可見以紅線標出的土牛溝。土牛溝沿線如無溪水，則「挑溝推土」，而這些
隆起的長方形土堆上書有「土牛」二字。頁96地圖上方的紅、藍二線則顯示新的邊
界向內陸推進。

6.3 〈番社采風圖・捕鹿〉 圖上題字：淡防廳大甲、後壠、中港、竹塹、霄裡等社熟番，至秋末冬初，各社
聚眾捕鹿，名為出草。 來源：中央研究院歷史語言研究所藏・提供

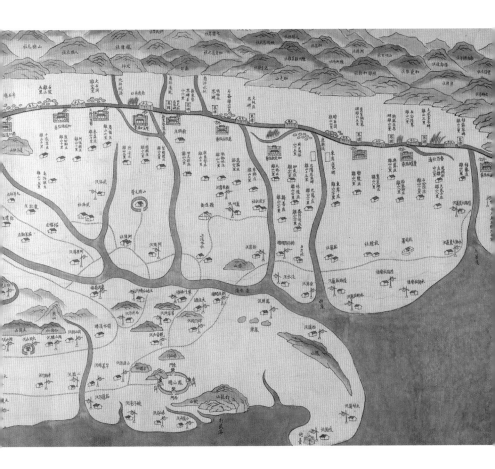

來的，築土作堆，是為土牛。官方的界線擋不住漢人入墾，年代一久，界址湮滅，清廷多次重新釐定番界。以竹塹地區為例，康熙時番界是漢人與生番的界線，乾隆五十五(1790)年重新釐定生番界址，新舊番界遂成為區隔漢人、熟番與生番的界線，也就是「生番在內，漢民在外，熟番間隔於其中」，即如圖表13所示的漢墾區、保留區與隘墾區。竹塹地區開發較晚，始於康熙末年。雍正年間政府鼓勵開墾，在短短一、二十年間，竹塹地區番界以西的廣大草地，除了少數熟番保留的自耕社地外，幾乎全部落入漢業戶手中。乾隆三年(1738)起清廷改採護番禁墾的政策，禁止漢人在漢墾區典買番業，並禁止漢人入墾熟番保留區。然而，大勢所趨，保留區最後還是成為漢人的天地。何以如此？

　　平埔族失去土地，至少有如下的幾個因素。首先，漢人不斷拓墾荒地，導致鹿場流失，而鹿皮是平埔族重要收入之一。前面提過，所謂熟番的定義就是向清政府「歸附納餉」。餉是丁餉，即人頭稅，清政府對平埔族所課的番餉很重。此外，平埔族還須負擔許多公差，缺乏力田條件。由於無法打牲耕作，卻又須繳納重餉，使得許多族人陷入困境。為紓解一時之困，他們不得不把土地賣給漢人。結果造成惡性循環，非賣掉更多的土地不行。

6.5 〈岸裡社頭目潘敦仔像〉
畫中潘敦仔身著清朝官服。
來源：國立臺灣博物館提供

　　其次，漢人的巧取豪奪，不能不說是造成土著地權流失的重大原因。作為漢番中介的漢人通事往往利用職權，取得廣大的番產，如臺中岸裡社通事張達京就是典型的例子。張達京當了四十二年的通事，「開闢土地，創業三十餘萬租」，擁有巨大財富，田宅散布中部地區。他的成功可以說是建立在土著地權的淪喪之上的。

　　第三，「番產漢佃」導致平埔族喪失土地。清政府禁止漢人購買番地，但並不禁止土著招徠漢人耕作，坐收大租（番大租）。這種土地租佃關係稱為「番產漢佃」，由於種種原因，如漢佃拖欠拒繳番大租導致番業戶無法繳納正供，或番業戶以田地抵押向漢佃

借錢，結果往往以土地淪入漢佃手中作結。除此之外，更深層的原因在於土著民族的社會結構與觀念被破壞了，他們與漢人簽約買賣租佃土地，都在漢人的觀念架構裡進行。平埔族「不知算術，不知書記」，原先只有土地共有的觀念，私有地權是受到漢人影響才產生的；一田二主的制度更在生活經驗之外。換句話說，他們與漢人之間的交涉是根據漢人規則來進行的，這樣的「遊戲」，贏家自然非漢人莫屬。不過，並非所有的平埔族都喪失土地，有的是子孫漢化了，於是顯得土地是握在漢人手裡。

　　平埔族大都漢化了，這是就文化與語言而言。其實頗有一些漢人流著他們的血液。清廷統治臺灣，前半期禁止攜眷，男多女少，本地漢人即使有能力成家，也很難找到漢人女子來婚配。俗語說：「有唐山公，無唐山媽」，指的就是在早期移民社會，許多漢人男子娶平埔族女子為妻的現象。語言學家李壬癸以族譜所記載之祖先遷居地，多與平埔族混雜，因而懷疑自己的祖先可能娶了「平埔媽」！雖然如此，我們須注意，原住民人口向來不多，清朝統治末年頂多十餘萬，而漢人已達二百八十萬，從人口結構來說，原住民婚齡女性人數有限，況且多數部族和漢人沒接觸，有接觸的，也不可能全部嫁給漢人，因此，娶到「平埔某」的漢人占人口比例應不高。

6.6 **金廣福公館**（一級古蹟） 來源：金廣福文教基金會提供

6.7 **北埔姜家天水堂**（一級古蹟） 來源：南天書局提供

　　漢人大量取得平埔族土地之後，產生一種「擠壓」效應，若干平埔族村社往內山與後山(東臺灣)遷移，連帶地逼使「番界」不斷往東挪。高山族也受到漢人拓墾浪潮的衝擊。當漢人進逼「番界」時，漢「番」衝突日趨嚴重，清朝政府於是有設隘防番的措施，亦即沿著「番界」設隘(隘寮)。隘是一種武裝的防衛機關，負擔防衛工作的隘丁，通常由平埔族壯丁充任。隘有隘墾，以養隘丁，類似自給自足的屯兵制度。設隘原意在隔離番漢，但設隘後漢佃安全比較有保障，於是「隘設墾隨」，墾戶接踵而至，彷彿設隘是為了拓墾——以防番為名，行拓墾之實。除了官隘外，也有墾戶自行設隘，以利開墾。道光年間，臺灣北部最大的墾隘組織——金廣福大隘，是個由政府鼓勵而成立的民間防番拓墾組織。

　　金廣福大隘在新竹北埔，成立於道光十五年(1835)，到光緒十二年(1886)，由於劉銘傳改行「開山撫番」政策，方才撤隘。姜秀鑾，祖籍廣東惠州陸豐，是金廣福的主導人物。「金廣福」是墾號，用現代話來說，就是開發公司的名稱。清代的墾號或墾戶名稱，表面看來像個人名，其實往往是代號，或幾個合夥人的公號，如張振萬是張達京的墾號，陳和議則由鄭珍、王謨、賴科等人合股組成，並非有叫「陳和議」這樣一個人。金廣福成立時是閩客合資公司，

6.8 姜阿新老宅第(今)　來源：金廣福文教基金會提供

6.9 姜阿新老宅第
　　(修復前)
　　來源：金廣福文教
　　基金會提供

6.10 姜阿新老宅第(修復後)　來源：金廣福文教基金會提供

廣代表廣東，福代表福建，金則為當時習見的公司名號。閩客合資在「分類械鬥」盛行的時代顯得十分特別，不過，金廣福最後還是成為姜家一族的拓墾事業。

金廣福大隘是由數十個隘組成的大防禦線，因此有大隘之稱。姜秀巒曾統率隘丁，與賽夏族有過大小十餘戰，隘丁墾民傷亡數以百計。由於姜秀巒的「勇往邁進」，終於開拓了今日北埔、峨眉、寶山一帶「番地」，為北埔姜家奠下基業。用今天的概念來說，金廣福的拓墾是武裝拓殖。

對照圖表13，我們可以看出北埔在乾隆五十五年(1790)尚遠在「番界」之外。由此可見漢人對「番地」的強大滲透力。新竹北埔的金廣福公館，現在是國家一級古蹟。在清代，公家與墾戶的辦事處往往稱作公館；今天臺灣不少地方留有這樣的地名。金廣福公館之旁是姜家宅第——天水堂，也是國家一級古蹟。一牆之隔是姜阿新在一九四六年開工興建，費時三年蓋成的西洋式二層樓房。過去該樓房常年失修，破舊不堪。一九九五年經「金廣福文教基金會」斥資修復，費時十八個月，舊日風貌遂可得見大概。其建築風格素雅，內部原木雕飾頗富意趣。長年以來為基金會會址，開放參觀。該基金會和姜家沒血緣關係，承租、修復、管理係出自愛鄉愛土的理念。二〇一三

年姜家後代標購回宅第，現改名「姜阿新洋樓」。讀者若訪北埔，可同時參觀金廣福公館、天水堂與姜阿新洋樓，在緬懷漢人拓荒之艱辛之餘，或可重新思考土地開發與族群問題。

我們很難想像，臺灣中北部在三百年前還是一片草埔，到處「呦呦鹿鳴，食野之苹」。康熙六十年（1721）藍鼎元經過竹塹埔，「行竟日無人煙」。竹塹埔指今天新竹市至南崁之間。根據與藍鼎元同時抵臺的黃叔璥的記載，當時大甲溪以北的地區，除了少數耕地，都是鹿場。然而，在短短的一百年內，「草埔變水田」，臺灣中部一帶，地貌完全改觀。由於漢人不斷越界私墾，再五十年，靠內山的「禁區」，如埔里盆地，皆難逃漢人之鐵犁。

埔里盆地舊屬「水沙連」。康熙六十年（1721），藍鼎元曾深入水沙連一帶內山，造訪了今天的日月潭，寫下〈紀水沙連〉一文。在他筆下，「潭廣八、九里，環可二、三十里。中間突起一嶼。山青水綠，四顧蒼茫，竹樹參差，雲飛鳥語；古稱蓬瀛，不是過也」。土著民族環著島嶼四周居住，在岸邊架浮田種禾稻，「水深魚肥」，但捕魚不用魚網，而是「駕蟒甲（獨木舟），挾弓矢射之，須臾盈筐」。他們與外界聯絡，都用獨木舟，外人如要拜訪，必須舉火為信號，由土著民族以獨木舟相迎，否則到不了。藍鼎元

6.11 **十九世紀的水沙連**（約1867-1870年）此即日月潭，西方人命名為干
治士湖（Lake Candidus），以紀念來臺傳教的VOC牧師干治士
（Georgius Candidus）。Saint-Julian Hung Edward 攝影；Paul
J. J. Overmaat 提供　來源：南天書局提供

寫道：「武陵人悮入桃源，余曩者嘗疑其誕；以水沙
連觀之，信彭澤之非欺我也。」因為到過像桃花源的
水沙連，而感歎陶淵明並沒騙人。可惜桃花源總是再
尋無路。

　　臺灣入清以來，是個迅速成長的移墾社會，但
時間一久，社會逐漸轉型，朝定居社會發展。關於臺
灣社會的轉型，學者之間曾經有過「內地化」與「土
著化」的激烈論爭。基本上，「內地化」派著重臺灣
之同化於中國內地，「土著化」派則強調臺灣漢人移
民對臺灣這塊土地的認同。他們各有用來支持己論的
指標，我們無意在此作評泊，更無意含糊地說兩種說
法都對，只是角度不同。有趣的是，兩派都認為臺灣
社會「轉型」了，時間在一八六〇年左右，距離割臺

6.12 **霧峰林家頂厝景薰樓組群屋頂鳥瞰**
郭美芳攝影，來源：賴志彰編 1988

四十年不到。臺灣的開發各地先後不同，土著民族與
清政府的關係也各異，若說一八六〇年全臺步調一
致，都內地化或土著化了，似乎說不太過去。倒是士
紳階層逐漸成形，值得注意。

　　臺灣原為移墾社會，士紳階層薄弱，地方為豪強
所控制。臺灣早期的大族，大多以土地或商業起家，
或兩者兼而有之。然而，隨著移墾社會的轉型，經由
科舉功名取得社會領導地位的士紳階層逐漸出現。由
於臺灣各地開發先後不一致，士紳階層的出現時期也
不一致，大致來說，以南部為先，中部、北部次之，
東海岸一直到割臺都未見士紳階層之形成。臺灣有名
的霧峰林家，走的是一條由地方豪強轉變為士紳階級
的路。可惜，這個路程頗為曲折漫長，等到霧峰林家

好不容易蛻變為傳統中國社會的士紳時，卻「變天」
了——清廷將臺灣割讓給日本。雖然如此，霧峰林家
在日本統治時代，卻也多少擔負起傳統士紳的社會與
文化責任。

第七章

改朝換代

　　一八九四年，歲次甲午，中國和日本之間發生了戰爭，史稱中日甲午戰爭。在這個戰爭中，致力於自強運動二十餘載的中國被明治維新後的日本輕易打敗。日本一戰而贏，躋身強權之林。對清廷而言，這是自鴉片戰爭以來，一連串喪權辱國的外患中的另一重大挫敗。戰敗了，不得不講和，講和的代價是割地賠款。

　　臺灣，這個由鄭成功從荷蘭人手中奪來作為反清復明基地的邊陲小島，在一六八四年被清廷收入版圖，到乙未年(1895)隸屬清廷已二百餘年，是個以漢人為主體的多族群、多語言社會。在中日馬關和談

7.1 北白川宮能久親王澳底露營照片　來源：《北白川宮能久親王御遺跡》1935

中，這個遠離甲午戰火的海外孤島，竟不幸被議定割讓給日本。這是臺灣近代坎坷命運的起源。

馬關條約於一八九五年四月十七日在日本本州下關（又稱馬關）簽訂。下關和九州的門司對望，是當時九州通往東京必經之地。我們都知道，清廷派了李鴻章為全權大臣，赴日談和，日方全權辦理大臣則為伊藤博文。李鴻章是直隸總督兼北洋大臣，權傾一時，

有如一國之宰相（清朝制度上未設宰相），伊藤博文則是明治維新功臣，也是當時的內閣總理大臣，兩造旗鼓相當。出身長州藩的伊藤博文選定下關最有名的旅館春帆樓為和談地點。

7.2 **春帆樓舊影**
來源：《割烹旅館下關春帆樓》

7.3 **春帆樓今影** 　來源：《割烹旅館下關春帆樓》

7.4 下關「日清講和記念館」
周婉窈拍攝

7.5 「日清講和記念館」
展示的李鴻章談判座椅
周婉窈拍攝

7.6 土屋光逸〈請和使談判之圖〉
此圖描繪日清《馬關條約》簽訂前的情景。清方代表欽差頭等全權大臣李鴻章(左二)及其子李經方(左一)，與日方代表內閣總理大臣伊藤博文(右二)和外務大臣陸奧宗光(右一)。　來源：南天書局提供

　　百年後，滄海桑田，春帆樓依然繼續營業，是下關昂貴的「史蹟旅館」。只是當時的樓房亭閣已毀於二次大戰，現在的亮麗的黃瓦建築是一九八五年新蓋的。春帆樓入口右側有一「日清講和記念館」，保存和談時的桌椅器物，供人參觀。

　　一九〇二年倡議新式教育的清臣吳汝綸訪問日本，考察教育，途次下關，日人請題榜，吳汝綸提筆揮灑，寫下「傷心之地」四大字，一時報紙轟傳以為名筆。今人或許還能想像吳汝綸下筆時心情的沈重。一九九六年六月，我趁研究之便，走訪下關，在「日清講和記念館」看到一隊臺灣來的旅行團魚貫走出紀念館，人人一臉茫然，彷彿不知如何去感覺。這不是這一小隊人的問題。我想，我們今天的確面臨如何去

7.7 國寶「藍地黃虎旗」
　　此係1909年高橋雲亭摹本，背面也繪有一隻老虎；左圖瞳孔為圓形（夜間），右圖為彎
　　月形（日間）。　　來源：國立臺灣博物館提供

感覺過去，如何看待過去的問題。一個對於歷史無所

感的人群，大約創造不出能讓後人感動的歷史吧？

　　我們都知道，割臺之議傳到臺灣，臺灣官民群

7.8 日軍入駐清布政使衙門　來源：《北白川宮能久親王御遺跡》

7.9 擔任臺灣民主國大將軍
的黑旗將軍劉永福
來源：南天書局提供

起反對，輿論沸騰。和約簽訂後，臺人更是憤激至
極。臺灣官紳為求保住臺灣，不惜以利權謀誘列強支
援，但一切徒然。臺灣紳民為求扭轉乾坤，最後的一
線希望是訴諸「公法」，爭取國際同情，於是在五月
二十五日宣布成立「臺灣民主國」，推舉臺灣巡撫唐
景崧為總統，年號永清，以「藍地黃虎旗」為國旗。
「臺灣民主國」是亞洲第一個共和國，唐景崧以臺灣
民主國總統之名義向全臺紳民發布公告，云：「即日
議定，改臺灣為民主之國。國中一切新政，應即先立
議院，公舉議員。」儼然有建立近代議會政治之慨。
不過，臺灣民主國之建立原是權宜之計，所以唐景崧
接著又說：「〔臺灣〕今雖自立為國，感念列聖舊

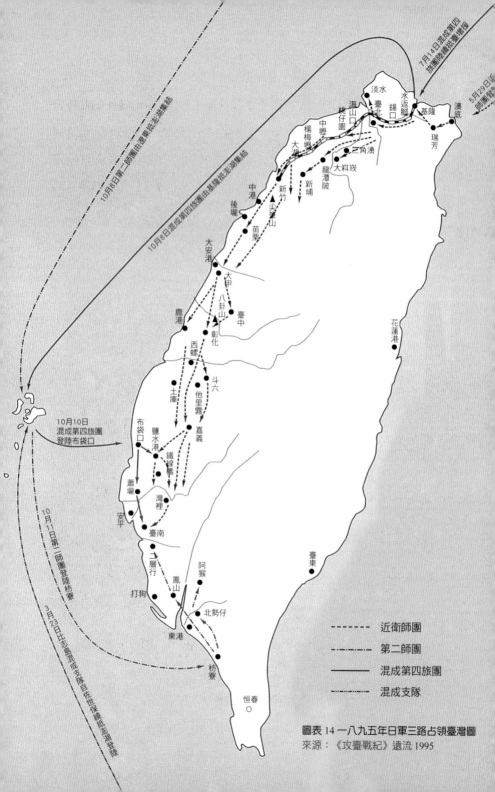

淡水
臺北
水返腳
錫口
基隆
澳底
7月14日混成第四
旅團陸續抵臺灣接接
5月29日近
師團登陸
海山口
桃仔園
中壢橋
瑞芳
楊梅壢
大湖
角湧
大嵙崁
龍潭陂
新埔
中港
新竹
後壠
尖筆山
苗栗
10月8日近成第四旅團由基隆抵龍湖集結
10月8日第二師團由強乘抵澎湖集結
大安港
大甲
八卦山
臺中
鹿港
花蓮港
彰化
西螺
斗六
土庫
他里霧
10月10日
混成第四旅團
登陸布袋口
布袋口
嘉義
鹽水港
鐵線橋
蕭壠
灣裡
安平
臺南
10月11日第二師團登陸枋寮
二層行
阿猴
鳳山
臺東
打狗
北勢仔
3月23日比志島混成支隊自佐世保續抵澎湖登陸
東港
枋寮
恒春

近衛師團
第二師團
混成第四旅團
混成支隊

圖表 14 一八九五年日軍三路占領臺灣圖
來源：《攻臺戰紀》遠流 1995

恩,仍應恭奉正朔,遙作屏藩,氣脈相通,無異中土。」唐景崧以黑旗將軍劉永福為臺灣民主國大將軍,部署新局。由於清廷已下令臺灣大小文武官員內渡,留任者只剩少數幾位。

日本透過和約取得臺灣,但實際「領有」臺灣全島的過程並不順利,前後花了約五個月。一八九五年五月二十四日甫被任命為臺灣總督兼軍務司令官的海軍大將樺山資紀率領總督府文武官員搭乘「橫濱號」從宇品港出發,南下接收臺灣和附屬島嶼。日本為達成領有臺灣之目的,派近衛師團來臺,該師團於五月二十九日自澳底登陸;混成第四旅團於七月中亦陸續抵臺增援。另外,比志島混成支隊則早在三月二十四日,中日尚在談判中,就已占領澎湖。

日本武力領有臺灣,遭遇臺灣人民頑強的抵抗。過去在戒嚴時期,日本殖民時代歷史偏重早期的武裝抗日運動,近年來臺灣史研究蔚為風潮,各式各樣的題目都有人在研究,官方色彩的「抗日史觀」已不再時興。今天我們知道,日本領臺之初,有主動和日本人合作的,也有掛起「日本明治君作主」的旗號的。臺灣人顯然並非團結一致對抗日軍。不過,不管臺灣內部的族群、宗教「分類」情況如何,不管有多少紳商和日軍合作,臺灣到處都有民眾奮起抵抗日軍,死傷無數,血流成河,這倒是無法抹殺。今天,不論我

們對後來的日本殖民統治抱持怎樣的評價，是不能忽
略先民曾經群起抵抗外敵入侵的事實。

　　抵抗外侮是民族精神的根基。當割臺的消息傳
來，臺灣民眾憑著他們素樸的保衛鄉土的觀念，以傳
統武器對抗近代式軍隊，雖然「愚不可及」，卻正是
一個民族追求獨立自主的精神所在。反過來說，開城
門迎敵者，如果得到社會的肯定，甚至豔羨的話，這
樣的民族在面對未來的危機時，其且將不戰而降，或
可逆料。

　　六月三日日軍攻陷基隆。四日，唐景崧倉皇內
渡。六日，出身鹿港的小人物辜顯榮與日軍接洽，表
示臺北城民盼望日軍到來，自請為嚮導。不旋踵，受

7.10 劉大將軍擒獲倭督樺山斬首全圖（想像中的勝利）　來源：James W. Davidson 1903

李春生等紳商和外僑之託的外國人，亦前來表達迎接入城之意。六月七日，近衛師團兵臨臺北城下，不戰而進駐臺北城。六月十七日，樺山資紀在原巡撫衙門廣場舉行「始政式」，臺灣於焉正式「改朝換代」。在未來的半個世紀，六月十七日是重要節日——「始政紀念日」，依例都舉行隆重的慶祝儀式。

先前，一八九五年五月中，臺灣紳民曾發表「臺民布告」，自矢「願人人戰死而失臺，決不拱手而讓臺」。雖然領導者如丘逢甲、林朝棟、林維源等士紳相繼棄臺而去，一些地方官、將領和無數庶民，倒是做到了寧死勿降，「與臺存亡」，為孤島寫下可歌可泣的抗敵史篇。日軍從臺北往南推進時，沿路遭遇抗日軍的奮勇抵抗，雙方在大科崁（大溪）、三角湧（三峽）、新竹、苗栗、彰化、斗六、嘉義等地都發生激戰。其中八卦山之役，抗日軍以寡敵眾，戰況慘烈，全臺義軍統領吳湯興、黑旗軍統領吳彭年皆死於是役，然日軍亦兵疲馬倦，暫停南進；大莆林（大林）之役，義軍大敗日軍，奪回失地，是「日清開戰以來未曾有之事」，一時人心大振。由於篇幅有限，無法一一細述乙未先民抗日之經過。約而言之，中部抗戰，以臺灣府知府黎景嵩的新楚軍和義軍為主，南部抗日則以劉永福的黑旗軍為主，義軍為輔。日軍以優良的現代裝備，要費四個月的時間才從臺北打到臺南

一帶，臺灣人民反抗的激烈，讀者可想見一斑。

　　近衛師團除了遭遇抗日軍頑強的抵抗外，也苦於臺灣的「瘴病」，戰鬥力大減。十月，日軍援兵續至，混成第四旅團於十月十日在布袋口登陸，第二師團於十月十一日登陸枋寮。日軍南北中三面夾攻，十月中旬，三路人馬對臺南城形成圍攻之勢。十九日深夜，南部抗日靈魂人物劉永福率舊部易裝棄臺而去，次日抵達廈門。二十日，英國傳教士巴克禮與宋忠堅受臺南紳商之託，前往迎引日軍入城，日軍於是於翌日「和平」進駐臺南城，完成全島之占領。

　　簡言之，全臺除臺北臺南兩城不戰而降外，各地(後山除外)都曾激烈抵抗日軍之入侵，死傷無數。對於引導日軍入城一事，向有可免生靈塗炭的說辭。從結果上來說，也許是對的。但開城迎敵，係出於佛陀大慈大悲之精神，還是心繫個人身家性命？甚或是賭徒之大膽一博？文獻不足徵，不敢臆斷。不過，從這些人事後坦然接受新朝之餽贈酬報且與之密切「協力」來看，其宗教性之闕如，大約可確定。臺灣改朝換代之際，無數無名小卒因奮起禦敵而身首異處，為後代所遺忘。相對之下，引導日軍入臺北城的辜顯榮，卻一躍而為臺灣名流，一生榮華富貴，還蔭及子孫數代。君不見，辜家仍是臺灣領風騷之家族。知史者，唯有感嘆歷史充滿反諷。

　　一個民族要能存續，必要有強韌的獨立自主的
意志。這是為什麼世界上許多國家都把抵抗外侮的人
當成民族英雄；反之，它們唾棄和敵人合作的人。否
則，當國家面臨生死存亡關頭時，唯有投降一途了。
貶斥勢利，尊崇氣節，關係民族大業與風俗之厚薄。
沒有人願意見到：當臺灣受到外敵侵略時，眾人爭相
開城迎敵吧？南洋有句俗諺說：「當應該低頭走路的
人，昂首闊步時，山河是要崩壞的。」臺灣社會風氣

7.11 胸前掛勳章的辜顯榮
來源：《辜顯榮翁傳》
1939

之澆漓，是否和我們善於遺忘過去，卻習慣豔羨非其
道而羅致富貴者有關呢？是耶？非耶？

第八章

兩大反抗事件

　　一八九五年十一月，日軍號稱「全臺悉予平定」。實際上，臺灣人民繼續「蜂起」。漢人系的武裝抗日活動一直要到一九一五年的「噍吧哖」事件被敉平後，才告真正落幕。

　　臺灣政權轉換之際，上層士紳（進士、舉人）和富商頗多倉皇內渡，各地也出現一些「迎接日軍」者，全臺並未能同仇敵愾，一致對外。雖然如此，乙未戰役仍然不失為全階層、全民性的保衛鄉土之戰。根據研究，乙未戰役的領導層中，除清官吏外，臺人以生員、豪商、大地主、地方豪強和頭人為主，部眾則包括正規軍、民軍、私丁、村民，甚至老弱婦孺。

　　乙未到一九〇二年，臺灣各地武裝抗日不斷蜂起。一九〇二年後到一九一五年為止，抗日運動轉趨局部，以「陰謀事件」為主。在這兩期抗日活動裡，士紳階層已不再是主導者。一九二〇和三〇年代，臺灣的政治社會運動是由少數舊時代士紳和新興知識分子所領導，與武裝抗日之間產生斷層現象。在武裝抗日事件中，讓我們來看看噍吧哖事件和霧社事件。前者是漢人最後一次、規模甚大的抗日謀畫，後者則為土著民族最後也是最慘烈的起義。

　　噍吧哖事件又稱余清芳革命事件，或西來庵事件。余清芳是此一事件的領導者，但話必須分三頭來說，因為這個「陰謀事件」主要是由余清芳、羅俊和

江定三股力量匯合而成的。

8.1 余清芳
來源：《臺灣匪亂小史》
1920

8.2 羅俊
來源：《臺灣匪亂小史》
1920

　　割臺時，余清芳年方十七，曾加入抗日義軍，後來當了臺南廳的巡查補，前後八年。一九〇四年辭職，出入臺南廳下各地齋堂，勸誘信徒反日，曾被當局送往「浮浪者收容所」，管訓約三年。獲釋後，以西來庵為基地，暗中從事抗日運動。信眾尊稱他為「余先生」，或傳說他具有神力，或相信他是皇帝的中介者。當時傳說山中有新「皇帝」出現，手長過膝，耳長及肩。

　　羅俊，原名賴秀（學名賴俊卿），生在他里霧（今斗南），曾教過書塾，學過醫，會看地理。割臺後受到匪徒無妄的牽連，遭官府緝捕，逃亡中國，間曾潛返臺灣，然而家破人亡，遂再度西渡，曾遊中南半島，最後棲隱於福建天柱岩寺廟，然抗日之志，未嘗或忘。一九一四年年底，羅俊潛返臺灣，時年屆花甲，在臺中、彰化一帶利用舊有的人脈關係，從事活動。羅俊以法力相號召，教信眾祭祀玉皇大帝和九天玄女，宣稱習得符法，即能避刀彈，並稱將從中國請來一名和尚和一名紅鬚姑，來教臺人隱身術。由於相信法力，羅俊及其附從者都未準備武器。

　　江定，臺南人，割臺後曾率義民抗日，打游擊戰，後退入山中。一九〇一年，日警曾圍剿江定於新化南里庄湖底，誤以為江定已遭擊斃。實則江定已然脫走，嗣後聚眾深居山中十餘年，自成一國。

8.3 **江定**
來源：《臺灣匪亂小史》
1920

　　一九一五年舊曆二月，羅俊偕同三名同志前往臺南會見余清芳。余清芳告訴羅俊，他持有一寶劍，僅拔三寸即可斃敵三萬，擬發動革命驅逐日人。兩人相見恨晚，遂約定秋間一起起義，舉事前由羅俊負責中北部，余清芳負責南部，召募黨員。另一方面，江定也曾與余清芳會面，約定起事時下山殺敵，以余清芳為主，自願居副。

8.4 **西來庵**　　來源：《臺灣匪亂小史》 1920

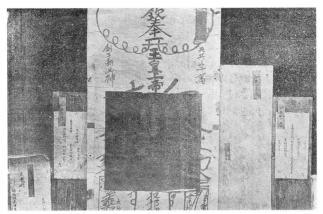

8.5 **西來庵神符**　來源：《臺灣匪亂小史》1920

　　五、六月間，起義之事尚在連絡階段，就被日本警方發現，相關人物陸續被捕，羅俊變容逃亡。余清芳得知事發，攜帶募得之軍資，逃入山中與江定會合。日方到處張貼三人圖像，懸賞捕人。六月二十九日，羅俊被捕。江定、余清芳和革命黨人藏居嘉義、臺南和阿緱三廳交界的後掘仔山中，日警圍剿無所獲。七月余清芳率眾襲擊甲仙埔支廳，日方警民死傷頗多。八月三日，襲擊噍吧哖支廳轄下南庄派出所，滅敵後轉攻噍吧哖，和日警以及來援的日軍展開殊死戰。余軍苦戰三天三夜，終於不敵，於六日傍晚退入山谷，死亡約三百餘名，被捕不計其數。

　　余清芳敗走後，日方出於報復心理，設計屠殺噍吧哖壯丁，傳聞被殺者有數千人之多，是為「噍吧哖慘案」。八月二十二日，余清芳和數名同志誤入警方

和村民設計之陷阱，終於落網。江定的部下在日警誘
降下，陸續自首，江定亦於翌年四月末下山自首，但
當局違背不予處分之承諾，旋於五月十八日逮捕江定
等人二百餘名，送法院受審。

　　此案最引人注意的是，余清芳被捕後，臺
南臨時法院引用「匪徒刑罰令」審理，被告達
一千九百五十七名，兩個月後宣判結果：死刑八百
六十六名，有期徒刑四百五十三名，行政處分和不起
訴五百四十四名，無罪八十六名，其他八名。此一
判決引起日本國內輿論和日本國會的嚴厲批評，該年
十一月，臺灣總督藉大赦令宣布減刑，死刑改為無期
徒刑，其餘減刑一等，但當時已有九十五名執行死刑

8.6 噍吧哖事件被告從臺南監獄到臨時法庭出庭景象　來源：《臺灣匪亂小史》1920

完畢。江定等人的案件在第二年七月宣判，江定等三十七名被判死刑，九月在臺南監獄受絞刑而亡。

　　噍吧哖事件，已經被現代人遺忘殆盡。雖然遺址、紀念碑還在，但乏人問津，任憑荒草斜陽。我們今天回頭看此一事件，自然無法稱頌其中的「皇帝」觀念和符法、寶劍等迷信，並且也會為他們搞革命卻「不要武器」的想法，感到不可思議，為之扼腕嘆息。雖然如此，在迷信和愚昧底下，是否毫無令吾人深思之處呢？由於研究闕如，余、羅、江等人謀反的社會經濟因素，我們並不清楚。羅俊以批評日本政府之苛稅苛政勸誘黨人，但此一指控與現實是否吻合，

8.7 噍吧哖事件抗日烈士碑與忠魂塔（在臺南市南化區）
彭裕峰拍攝

8.8 抗日烈士余清芳紀念碑（在臺南市玉井區）　彭裕峰拍攝

能否以此吸收黨員，是一大疑問。倒是余、江都曾參
加乙未割臺後的戰役，羅俊則與官府有隙，三人之謀
反或為鄉土保衛戰之遺緒，也未可知。羅俊接受審訊
時，最後說：「一切均已招供矣，余承認此次確已大
事失敗！立誓再生必達此目的焉！」出語豪壯，不愧
為革命領導者。

　　比起噍吧哖事件遭後人遺忘，一九三○年的霧
社事件，可就幸運多了，有關的中、日文作品不少。
如果噍吧哖事件是傳統的下階層反亂，了無新義，霧
社事件可就多采多姿，充滿殖民者與被殖民者之間的
「恩怨情仇」，況且起事者又是向以勇猛著稱的泰雅
族人。（按，實則為賽德克族，惟當時分類上屬泰雅
族之亞族。）

　　霧社事件的起因，由於起義的一方或死或逃，在
歷史的舞臺上失去發言權，根據日本政軍警資料的綜
合分析，約可從三方面討論之：一、勞役剝削問題，
二、原住民與日人婚姻問題，三、馬赫坡社頭目的不
滿。

　　勞役問題可以說是霧社事件的近因。事件發生
前，霧社一地的原住民被動員從事多項勞役，大都為
建築、修繕工事。勞役過重，接連不斷，警方威逼濫
使，怨聲載道。勞役即使有償，也常遠低於應得之
資。再者，原住民雖習慣預支薪資，卻不善計算，警

方帳目不清，或存心欺騙，引起原住民不滿。事件發生前，霧社小學校寄宿宿舍建築工事正進行中，警方動員了霧社群諸社和其他社群，拖運木材，由於途中各族壯丁常須借宿他社，製造彼此接觸、串連的機會，遂能化激憤的群情為共同行動。

　　原住民與日人婚姻問題，是指原住民婦女嫁給日本警察而滋生出來的問題。日本領臺之初，為了了解

8.9 近藤儀三郎與莫那・魯道之妹的合照
來源：佐藤政藏編 1931

8.10 佐塚愛祐與內緣妻家庭照
來源：鄧相揚 1990

8.11 霧社事件發生地霧社街
　賽德克族霧社群(德克達雅群)十一部落位於海拔1,100公尺以上的山區,屬臺中
州能高郡(約當今南投縣仁愛鄉)。　來源:海老原興 1931;南天書局提供

「蕃情」(番情),以利統治,鼓勵警察娶各社頭目或
有地位者之女兒為妻。這些警察往往在「內地」(日
本本土)已有妻子,因此就近而娶的原住民妻子就成
為「內緣妻」──法律不承認,但有婚姻之實的妻
子。此類結合難得善終,女方常被拋棄。領導霧社事
件的馬赫坡社頭目莫那‧魯道(Mona Rudo)的妹妹,
也嫁了日本巡查近藤儀三郎,數年後丈夫因故行蹤不
明。貴為頭目之妹,竟遭人拋棄,族人莫不憤恨。霧
社最高權力者是警察單位霧社分室主任。當時的主任
佐塚愛佑警部娶了白狗群馬希托巴翁社頭目之女,
是位泰雅族女婿。(白狗群在事件發生後站在官方這
邊。)佐塚在事件中遭難,有一半泰雅族血統的女兒

8.12 馬赫坡頭目莫那・魯道(中)與同社勢力者(左)、布卡珊社頭目
　　(右)合影　來源：佐藤政藏編 1931

佐塚佐和子，日後在日本成為名歌手，曾受邀返臺演唱「沙勇之鐘」相關歌曲。

　　要說霧社事件，不能不提莫那・魯道。要提莫那・魯道，非得說明當時霧社的族群分類不可。霧社分室所管轄的原住民分為四大部族：德魯閣群、

8.13 **招降海報**　傳單內容：「早日投降者，不殺。投降者，放下槍枝、舉起雙手，向**馬赫坡番**社出來吧！」　來源：鄧相揚 1990

8.14 鹽月桃甫〈母〉
母親懷抱幼兒與子女在砲火煙硝中逃難──這是
鹽月桃甫以霧社事件為背景的繪畫。
第六屆臺展西洋畫第六十號 1932／王淑津提供

道澤群、霧社群、萬大群，皆屬泰雅族；惟根據二〇〇八年的原住民分類，前三群屬於賽德克族。各群由若干社組成，霧社群共十一社，一起舉事的有六社，馬赫坡社即是帶頭的一社。據官方之描述，馬赫坡社頭目莫那‧魯道「性慓悍、體軀長大、擅長戰術。勢大，霧社諸社中無出其右者。」然而，莫那‧魯道和官方扞格不入，頗多過節。前面提過，莫那‧魯道的妹妹嫁了日本警察，卻遭遺棄。莫那‧魯道曾兩度和他社計畫謀反，皆被告發，此外還有一些摩擦，不過最直接的導火線是，一九三〇年十月七日上午，日本巡查吉村克己等人經過馬赫坡社，當時社中正有一對男女在舉行婚宴，吉村等人入內參觀。莫那‧魯道的長男達多‧莫那在現場幫忙殺牲，他

拉住吉村的手，強拉他入宴，誰知吉村嫌酒宴不乾淨，雙方執拗間，吉村竟然用手杖打達多‧莫那的手。在達多‧莫那，這是莫大的侮辱，於是毆打吉村。事後，莫那‧魯道屢次到駐在所請求官方予以穩當的處置，但遲遲不見處理。莫那‧魯道擔心受到嚴懲，損害身為頭目的威望，也擔心地位被取代，因此利用眾人對勞役之高度不滿，決定舉事。他社頗有附和者。

舉事的日子訂在十月二十七日，該日是霧社每年舉行盛會的大日子，分室轄下的十個學校和教育所，集合在霧社公學校舉行學藝會、展覽會和聯合運動會。來參加的日本人不下二百餘人，郡守依例蒞臨指導，這是霧社事件發生時，能高郡郡守赫然在死亡之列的原因。舉事的霧社群族人在當日清晨分路襲擊各駐在所（派出所），並在八時左右襲擊霧社公學校觀禮的警察和民眾。公學校運動場，一時血肉飛濺，變成慘絕人寰的修羅場。逃到校長宿舍避難的日本人婦女孩童被圍殺殆盡，幾位倖存者躲在死人堆裡，十餘位兒童在一位巡查夫人的帶領下，擠在廁所間，熬過兩天兩夜後方才獲救。據事後統計，各地日方死亡人數總共一百三十九人（男八十六名，女五十三名）。

霧社群族人雖然一時取得勝利，但等官方的軍警援助到臨時，便很難抵擋得住。限於篇幅，無法細

述日方軍警圍剿起義諸社族人的經過，簡言之，日方軍、警救援和討伐行動於十月二十八日開始，到十二月二十六日才告結束，前後幾乎花了兩個月。起義的霧社群六社，戰死、自殺、病死和燒死共六百四十四名，內男三百三十二名，女三百一十二名；六社總人口一千二百三十四名，減少一半以上。至今我們還可以從照片上看到吊死樹上的原住民婦女，狀極慘怖。莫那‧魯道在逃亡過程中舉槍自決，兩個兒子一戰死，一自縊。此一事件，雙方婦女兒童死亡甚多，舉家罹難者不在少數。兩軍作戰，自古以不殃及婦孺為正道。於此，吾人能不悚然自驚？

殖民統治當局動用軍警征討反抗的賽德克族，有兩件事值得在此附加一筆。首先是，當時盛傳日方在征討過程中使用了國際禁用的毒瓦斯。此事真相如何，學者間莫衷一是，有待進一步研究。其次，日方軍警於討伐過程中，得力於「味方番」甚多。所謂「味方」就是友好同盟的意思，也就是利用和官方關係友好的原住民來圍剿起義的原住民。更令人怵怖的是，翌年四月「味方番」道澤社（也是賽德克族）在當局的縱容下，大舉襲擊霧社事件倖存者，殺害二百一十四名，導致「反抗番」人口二度銳減，只餘三百人不到，且被強制遷居川中島（今仁愛鄉互助村清流部落）。觀乎此，我們如何了解過去的族群關

8.15 花岡一郎
　　來源：佐藤政藏編 1931

8.16 花岡二郎
　　來源：佐藤政藏編 1931

係，從中體會互信互助的相處之道，似乎是研究臺灣歷史應蓄於心的。

最後，讀者或會問：怎麼沒一語提及重要人物花岡一郎和花岡二郎呢？花岡兩人出身霧社群荷歌社，沒有血緣關係，婚後成為姻親。他兩人在共學制度實施後，都進入日本孩童就

8.17 川野花子(右)與高山初子(左)合影
　　來源：佐藤政藏編 1931

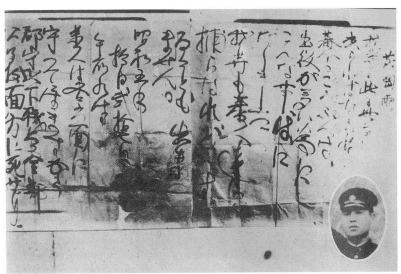

8.18 花岡一郎、二郎共同的題壁遺書　來源：佐藤政藏編 1931

讀的埔里小學校念書。一郎（Dakis Nobing）畢業於臺
中師範學校，就任巡查一職，二郎（Dakis Nawi）則在
高等小學校畢業後擔任警手（地位次於巡查）。兩人分
別娶了同社姑娘川野花子和高山初子。初子是荷歌社
頭目的女兒，花子則是頭目妹妹的女兒，兩人同樣在
埔里小學校念過書。這樣的學歷和婚配，應該是人人
豔羨的幸運兒。在照片上，穿制服的二位花岡與穿和
服的花子、初子，很像日本人。究實而言，他們的確
是日本人造就出來的高度日化的原住民。一郎據說對
被派任巡查，感到不愉快——他原可當教師。但二郎
似乎未曾流露對官方的不滿。我們不知道他們是否事
前得知謀反一事，但根據後來的調查報告，事發後，

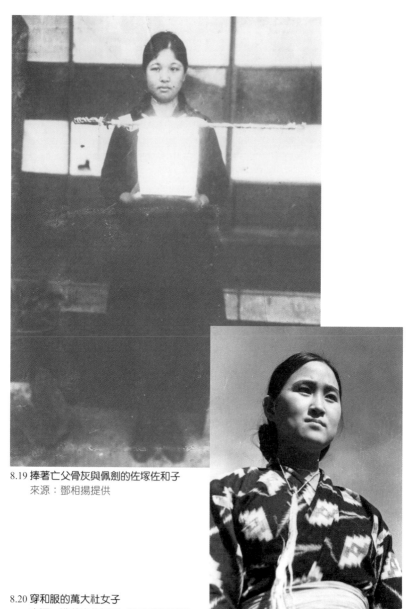

8.19 捧著亡父骨灰與佩劍的佐塚佐和子
　　來源：鄧相揚提供

8.20 穿和服的萬大社女子
　　來源：淺井惠倫攝影／南天書局提供

一郎顯然多少有所參與。一郎夫婦與二郎，最後都自殺了。二郎宿舍牆壁上貼有一紙遺書，係以毛筆揮灑而成，出以二人之名義，但何人所寫則有疑義。文曰：

> 花岡兩人，吾等不得不告別人世。番人之激憤，蓋因勞役過多方才引發此一事件。吾等亦為番人所捕，不知如何是好。昭和五年十月二十七日上午九時，由於番人守住各方，郡守以下職員全部死於公學校。

一郎切腹自殺前在運動會手冊上用鉛筆寫下寥寥數語：「花岡、在責任上，越考慮越覺得非如此做不行。在這裡的是全部的家人。」一郎夫婦帶著一個月大的兒子自殺，在其鄰近，二郎和其他二十位族人一起自縊於稱為 dara（楓）的大樹上。

高度日化的賽德克人，看到自己的同胞奮起反日，當下的心情如何？花岡二人即使沒參與舉事，最終還是選擇和族人一起承擔共同的命運。從他們的遺言中，我們似乎可以感受到一種深沈的無奈——既不得不忠於自己的族群，又感到必須對日本人表白什麼似的。

花岡二人，仍是個謎。至於莫那・魯道，我們的了解則更少，他到過日本觀光，應該知道日本國力的強大，群起反抗可能帶來滅族的後果。是怎樣的思維和文化邏輯，讓他和其他五社頭目，認為有比

8.21 救助日本兒童而獲頒感謝狀的道澤社少女
　　來源：佐藤政藏編 1931

「死」，有比「全族滅亡」更重要的東西呢？如果
有，那又是什麼呢？當莫那‧魯道告別自縊的家人和
族人，獨自到更遠的深山，舉三八式騎槍自決的那
刻，他想到什麼？他望見什麼？

　　我們對噍吧哖和霧社事件的認識，還很浮面。但
願我們對曾在這塊土地上發生過的事情，有比較深刻
的了解！

第九章

殖民地化與近代化

臺灣在日本統治下，經歷了殖民地化與近代化的雙重歷史過程。一般而言，殖民地化是十分負面的經驗，近代化則正面的評價居多。這兩者有如大小提琴雙重奏，高低琴音如影隨形，互為起落。如果我們忽略了這種夾纏不清的關係，將無法了解臺灣人對日本統治在感受上的複雜和曖昧。

在近代世界殖民史上，常見的是先進工業國家憑藉種種優勢占領落後地方，使之淪為殖民地，進行政治統治與經濟剝削。作為先進國家的殖民母國，在統治殖民地的過程中，多少引進了近代制度和設施，最具體可見的莫如鐵路、郵政、銀行等基礎設施，農業生產的企業化與科技化也是常見到的。然而，近代化不僅止於經濟交通建設。西方國家在工業化過程中採行的各種制度，包括近代式的國家官僚組

日本統治時代臺灣總督一覽表	
姓名	就任日期
1.樺山資紀	1895.05.10
2.桂太郎	1896.06.02
3.乃木希典	1896.10.14
4.兒玉源太郎	1898.02.26
5.佐久間左馬太	1906.04.11
6.安東貞美	1915.05.01
7.明石元二郎	1918.06.06
8.田健治郎	1919.10.29
9.內田嘉吉	1923.09.06
10.伊澤多喜男	1924.09.01
11.上山滿之進	1926.07.16
12.川村竹治	1928.06.16
13.石塚英藏	1929.07.30
14.太田政弘	1931.01.16
15.南弘	1932.03.02
16.中川健藏	1932.05.27
17.小林躋造	1936.09.02
18.長谷川清	1940.11.27
19.安藤利吉	1944.12.30

圖表 15 日本統治時代臺灣總督一覽表

9.1 日本領臺時的臺北火車站　來源：《臺灣寫真帖》1908

9.2 一九〇八年左右的臺北火車站　來源：《臺灣寫真帖》1908

9.3 一八九九年的臺北　來源：《臺灣銀行二十年誌》 1919

9.4 一九一九年的臺北　來源：《臺灣銀行二十年誌》 1919

織、司法系統、學校教育、人民的政治參與、警察制
度等等，也是近代化的重要面相。在近代化國家，國
家統治深入社會的末梢，貫串這種種制度背後的最基
本的精神也許是所謂的「合理化」(rationalization)，
也就是摒棄宗教的、巫術的、形上的思維，而以系統
的、規律的、有客觀根據的方式來完成工作的心態。
不過，殖民母國在殖民地所進行的近代化，往往是有

9.5 一九一九年的臺北 來源：名倉喜作編 1939

選擇的,以殖民母國利益為依歸。

　　日本是世界上第一個,也是唯一的亞洲殖民國。這裡沒辦法對這個特殊的現象多作解釋,簡而言之,日本在明治維新之後,成功地從傳統的封建社會蛻變為近代式國家,躋身世界強權之林,打敗中國,先後取得了臺灣和朝鮮,作為其殖民地。除了殖民統治慣見的經濟剝削外,日本也將臺灣建設成日本殖民統治的「櫥窗」。

　　先談日本統治的近代化的一面。如果我們對照日本明治維新與領有臺灣後所施行的各種新制度,可以發現重疊性很高,除掉人民的政治權利與議會組織

9.6 **敕使街道**(今中山北路)　來源:《臺北市政二十年史》1940

9.7 臺北橋（已拆建成水泥橋）　來源：《臺北市政二十年史》1940

9.8 明治橋（戰後改稱中山橋，已拆除）　來源：《臺北市政二十年史》1940

外，日本在臺灣可以說進行了一場「小型的明治維新」。所欠缺的，正是一九二〇、三〇年代臺灣新興知識分子發起「臺灣議會設置請願運動」，所亟於爭取的。日本在臺灣進行的近代化，範圍很廣，在此我們避開一般習知的經濟建設，把焦點放在風俗改革、教育、司法與建築，希望透過這幾個面相，說明日本統治在臺灣所導致的近代化的內涵與意義。

　　日本不是近代化的發源地，全世界近代化的源頭是西歐與北美。因此，日本的明治維新，在很大程度上是西化運動——當時的日本人稱之為「文明開化」。日本在臺灣推行近代式的統治與建設，固然帶來了許多日本文化的特色，但基本來說，這是一個轉手的「西化」。（最後八年的「皇民化運動」是另一脈絡下的產物。）近代化不是日本化，而是「文明化」，這在殖民當局早期推行的風俗改革，如放足斷髮運動，可以清楚看到。斷髮針對男性，也就是要他們剪掉辮子。放足運動在日語是「解纏足」，一方面鼓勵纏足婦女放足，另一方面勸阻新的纏足。放足斷髮運動頗具成效，一九一〇年代中

9.9 兒玉總督所頒的纏足解放章
來源：鷲巢敦哉編 1941

9.10 **纏足解放祝賀式**　來源：鷲巢敦哉編 1941

9.11 **纏足學生的課外遊戲**　來源：(臺北第三高等女學校)《創立滿三十年記念誌》 1933

期可說已達成目標。與斷髮相伴而來的還有「易服」
問題，也就是改變服飾，但不是風俗改革的重點。易
服者一般改穿西服，而非和服。「唐衫」即使到了
一九三〇年代末期，還頗受文人與知識分子的喜愛，
是西服的替換品。殖民當局強調「日本式生活」是統

9.12 兩名纏足的臺灣女子
來源：南天書局提供

治末期的事。

　　近代式教育影響臺灣人很大。臺灣割讓給日本之前，有以科舉為中心的書塾與學校設施，但未建立新式教育體系。在傳統社會，受教育是少數人的專利；每個人都應受教育，是近代社會的觀念。日本領

9.13 早期女子上課情景　來源：(臺北第三高等女學校)《創立滿三十年記念誌》 1933

臺伊始，即積極推行小學教育。起初不很順利，但到了一九四四年，臺灣學齡兒童就學率高達 71.1%，在亞洲僅次於日本，在世界大約也排在前頭。普遍教育與近代化息息相關，是傳統社會過渡到近代社會必經之路。臺灣近代小學教育傳授新知，傳達理性思維的訊息，具有濃厚的啟蒙色彩，它給臺灣社會帶來的衝擊，值得我們深入評估。

對保存臺灣歷史記憶功勞甚巨的吳濁流先生，在自傳小說《亞細亞的孤兒》中，對主人翁（他自己）由傳統書房轉學到新式小學的心理震撼，有很生動的描述。主人翁胡太明原先在彭秀才的書房念書，房間借自對面的廟宇。彭秀才抽鴉片，臉龐「蒼白得沒有一絲血色」。書房的學習以背誦為主，雖然胡太明不討厭書房，但在某種因緣下，他改入公學校念書。他發現：「學校裡的氣氛，究竟和私塾不相同，校內朝氣蓬勃，運動場和教室都是那麼寬敞和明亮，使太明頓感眼界為之豁然開朗。」學校也幫他破除了一些迷信——例如說攝影機會把人的靈魂攝去。全校師生心安理得地拍照。在這裡，我們看到新與舊、近代與傳統的強烈對比與斷裂。

日本統治臺灣五十年，若以世代來分，約有三代人。首先是老一代，割臺時已成年，是傳統社會孕育出來的人。其次是乙未新生代，生於割臺前後幾年，

接受新式教育，但還與舊時代有接觸。最後是戰爭世代，他們在二次大戰期間度過青少年期，大都接受日本式小學教育。吳濁流生於一九○○年，屬於乙未新生代，但他是個大器晚成型的人物，沒參與屬於他的世代的重要政治、社會運動。乙未新生代在舊時代人物(蔡惠如與林獻堂等人)的支持下，主導了臺灣議會設置請願運動(1921-1934)。這一代人又且成立臺灣文化協會、臺灣民眾黨，以及各種左派組織，為殖民地臺灣寫下多彩多姿的抗議篇章。乙未新生代，無論立場屬保守、溫和或激烈，都受過新式教育，他們以近代的意識形態來批判殖民統治，要求權利與參與，或主張推翻現況(如倡導無產階級革命)。他們的運動，

9.14 **高等法院**　來源：《臺北市政二十年史》1940

顯然和余清芳式的革命有根本的不同。雖然在日本統治中晚期，漢族認同感不斷如縷，但它所起的作用似乎並不鮮明。

就司法制度而言，在清代臺灣，人民若犯罪或發生糾紛，是由知縣（或同知）來裁判。縣老爺身兼行政長官與法官，民間有「訟師」，但沒有今天的律師。日本領臺不久後，即在臺灣設立行使國家司法裁判權的西方式法院制度。法院制度的成立，是臺灣邁向近代法治社會的第一步。在此須說明的是，殖民當局在引進近代法律體系時，並非粗暴地立刻全面移植西方觀念，而是根據大規模的「臺灣舊慣調查」，採取「舊慣溫存」的做法。所謂舊慣溫存，就是尊重傳統社會的習慣。不過，新的法律對舊慣的尊重是選擇性的。被法院承認為「習慣法」的舊慣，才具有法律效力，但司法當局最終目標在於使舊慣脫胎換骨，符合

9.15 臺北賓館（原總督官邸）二〇一三年俯眺寫真　周婉窈拍攝

近代法律的要求。例如，臺灣社會蓄妾風氣很盛，法院依舊慣承認夫妾間的婚姻，但卻使離異變得較為容易。這個情況，或可用圖表16來表示；如圖所示，舊慣只有一部分與習慣法交集，且有一部分習慣法原非舊慣。臺灣女性之擁有離婚權，也在日本統治時代被確立。到日本統治後期，僅親屬繼承事項仍依習慣法，但如田產、借款等事項則已改依日本近代民法典。

臺灣之近代化以西化為內涵，最具象的表現莫過於殖民地建築。日治時代留下來的建築物，一般人最熟悉的大約是總統府、臺北賓館、臺大醫院、臺灣銀行、臺灣博物館等等。它們都是西洋式建築。日本殖民當局在臺灣興建的建築物，可分為西洋式與日本式兩種。重要政府機構、中等以上的學校、醫院、銀行等，大都為西洋式。日本式建築約有五類：一、神社，二、觀光名所，三、小學校舍，四、鄉間役所，

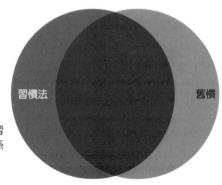

圖表 16 具有法律效力之習
　　　慣法與舊慣之關係
　　　示意圖
來源：王泰升提供

9.16 **草山賓館**（在今天陽明山）　來源：《臺北州要覽》　1926

9.17 **高雄神社**　來源：《高雄神社造營誌》　1930

9.18 臺中市市街中樞地鳥瞰圖　來源：《臺中市概況》 1932

9.19 臺中廳舍　來源：《臺灣統計要覽（大正二年）》 1915

9.20 臺南廳舍　來源：《臺灣統計要覽(大正二年)》1915

9.21 花蓮港廳廳舍　來源：《臺灣地方行政》第三卷十月號 1937

五、各類宿舍。（以上只是大致的情況，小學建築也有采西洋風格，少數寺廟，如建功神社，亦為西洋式。）圖 9.16、9.17 是日本式建築，圖 9.19、9.20、9.21，分別為臺中廳舍、臺南廳舍，與花蓮港廳廳舍，從審美的觀點來說，頗為可觀。二次大戰以前，南美洲、亞洲、非洲的許多地區都淪為殖民地，它們的城市到今天大都還留有殖民母國的影子。如果說上帝照祂的形象造人，我們也可以說，殖民母國按照自己的形象造殖民地。但是，在這方面日本有些特別。圖 9.18 是臺中市的鳥瞰圖，如果說它是某個西方城市，大約也蒙混得過去吧！顯然日本不是照它自己的形象來造殖民地，而是以西方為範本。

殖民地化，指殖民母國透過制度與政策使被殖民者居於次等地位，並成為謀求母國利益的工具。經濟剝削、種族歧視、差別待遇等等，是最通見的情況。日本占領臺灣後，實施各種有利於現代經濟發展的措施，如進行土地調查、統一度量衡與貨幣、設立銀行等。臺灣的資本主義發展，受到國家力量的高度保護，因此對勞農階層利益與權益的剝奪相當嚴重。國家保護工商業資本，不必然是殖民地的問題，亦見於一國之內。但在殖民地，由於統治者與資本家往往同屬統治民族，因此資本家的剝削就變成統治民族對被殖民者的經濟壓迫。例如，臺灣的糖業在日治時代非

9.22 **蔗農與運甘蔗的牛車**　來源：(臺灣製糖株式會社)《創立十五週年記念寫真帖》 1915

9.23 **運送甘蔗的火車**(下淡水溪鐵道橋)　來源：(臺灣製糖株式會社)《創立十五週年記念
　　寫真帖》 1915

9.24 糖廠　來源：(臺灣製糖株式會社)《創立十五週年記念寫真帖》 1915

常發達，利潤極高，糖業資本幾乎都是日本資本。製糖公司擁有廣大的勞動力(蔗農約當全部農家戶數的三分之一)，且能單方面決定甘蔗的收購價格，價格與糖價無關，遠低於勞動價值，對蔗農造成極不合理的剝削。日本在臺統治的殖民性格於此顯露無遺。

　　差別待遇與種族隔離政策，往往是殖民統治最為人詬病之處。日本統治臺灣亦不例外，一般最熟知的差別待遇是同工不同酬，領政府薪水的日本人有多於臺灣人五到六成的加薪，例如同樣教書，薪水卻相差過半。在種族問題上，早期實施隔離政策，內(日)臺不能通婚，小學階段的教育也採日臺雙軌制度——日本人上「小學校」，臺灣人上「公學校」，涇渭分明。一九二〇年代初期官方鼓勵日臺通婚，小學以上階段改行共學制度，公、小學校入學資格由種族區分改為以語言能力為判準，但非正式的種族隔離政策繼續存在。臺灣兒童要進小學校念書還是不容易，也有限額問題。殖民政府鼓勵臺灣兒童就讀小學，以全體入學為最高目標，但對中等以上的教育就有重重限制，不予鼓勵，流露出明顯的歧視。

　　無論是薪水也好，念書也好，一條清楚的民族界線橫在那裡，處處提醒被殖民者的身分與地位。基本上，殖民者與被殖民者構成了高下、主從的關係；殖民者的優越感是建立在對被殖民者的矮化上。在這

裡，一個精神(意識)層面的問題浮現出來，也就是被殖民者對殖民者的「從屬性」(subjugation)。如果我們說乙從屬於甲(如妻子從屬於丈夫)，意謂著甲對乙具有支配力，乙的存在是為了甲。在這種關係裡，乙失去了自己與主體性。日本對臺灣的殖民地化，也在這個層面。

前面我們提過，日治時代小學教育內容是啟蒙的、合乎理性的，但這只是「銅板的一面」，翻過來又是另一番景象。作為從屬於日本人的臺灣人，是沒有自己的，更無庸說自己的過去。上公學校的臺灣兒童在教科書中，認識了日本的文化與歷史，但幾乎看不到自己的過去——那微乎其微的臺灣歷史，是放在日本的歷史脈絡裡呈現的。他們透過正式學校教育學習到的國家認同，是日本國家認同；他們有系統讀到的歷史，是日本皇國歷史；他們所認識的鄉土，是沒有過去的鄉土。殖民地人民雖然享有諸般近代制度與設施，卻被剝奪主體性，以殖民者之意識為意識。以是，臺灣人在五十年的近代化與殖民地化的過程中，有理不清的糾結與曖昧。

第十章

知識分子的反殖民運動

一九二三年二月十一日的東京，是怎樣一個日子？根據資料，那天天氣晴朗，卻頗寒冷，再不到七個月，東京將遭到關東大地震的劇烈衝擊，它的餘波不止是物理的，還是社會、經濟的，甚至是民族的。不過，在這個時點的東京，沒有人會預想到那一刻。如果這時候您路過東京車站，說不定會遇到一群學生模樣的隊伍，他們手中拿著大小旗子，大旗幟寫著「歡迎臺灣議會設置請願團」，小旗則有「自由」、「平等」、「臺灣議會」等字。如果您駐足夠久，可能看到他們分乘七輛轎車離去，沿路灑傳單。您繼續漫步，突然周遭起了騷動，您隨著眾人一抬頭，啊，天空迴旋著一架小飛機，正灑下片片白雪。不，不是雪片，是紙張，當您撿起來看時，上頭寫著「臺灣議會設置請願委員來了！！！臺灣人三十年來在專制政治之下，呻吟於塗炭之苦……」。撿到紙張的孩童可能拿來摺飛機，而您生活在日後史家稱為「大正民主期」，可能對民主、自由、平等充滿期待，可以感受到這張傳單所傳遞的熱望。那是個昂揚的時代，在日本本土普選運動正如火如荼進行著，要求殖民地自治彷彿交響樂的一個次旋律，並不突兀。對群聚於帝都的臺灣學生而言，東京的天空正飄揚著他們的期望，他們對島嶼臺灣的憧憬。

謝文達是那位在東京上空駕飛機灑傳單的臺灣

10.1 臺灣第一位飛行員謝文達
　　為了聲援1923年第三次臺灣議會設置請願運動，他駕駛飛機，從東京上空投下2萬份請願宣傳單而引起日本人的注意。
來源：蔣朝根等 2005；照片由莊永明提供

10.2 學生團體歡迎謝文達「鄉土訪問飛行」
　　來源：《臺灣反殖民運動與文化覺醒特展》2005；莊永明提供

　　青年。作為臺灣第一位飛行士，他以自己所能做到的「最高方式」支持第三次臺灣議會設置請願運動。那麼，這是個怎樣的運動呢？

　　日本甫領有臺灣，即致力於推行殖民地初等教

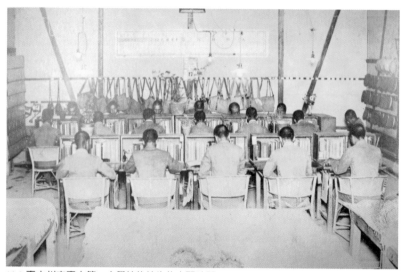

10.3 臺中州立臺中第一中學校住校生的自習時間
　　來源：《臺中一中紀念冊》1981

育(相當於今天的小學教育)，初等教育採雙軌制，在
臺日本學童就讀和內地一樣的小學校，臺灣學童就讀
為他們設立的公學校。殖民地的初等教育以全體兒童
入學為目標，殖民統治特有的差別與歧視不明顯，但
中等教育(含)以上，教育的殖民地性則顯露無遺。

一九一四年以前，臺灣學童從公學校畢業之後沒有一
所中學校可就讀。臺灣有能力的家族相繼送子弟到日
本本土繼續升學，甚至從小學讀起；少數出身貧寒的
學子幸賴各種資助而得以到內地求學。為了臺灣子弟
在本地有中學可讀，以霧峰林家為首的臺灣士紳，自
籌經費，爭取設立一所中學校，專收臺灣子弟。他們

10.4 大安醫院前《臺灣民報》發送實況（1925年1月6日）
來源：蔣朝根編著 2006；蔣渭水文化基金會提供

　　原意為私立學校，但在這過程中為臺灣總督府所「接收」，成為公立學校，但卻比一般五年制中學校修業年限短少一年，是縮水版，道地的殖民地差別待遇。這所中學校就是今天臺中一中的前身，二〇一五年五月一日舉辦創校一百周年校慶。可惜臺灣人自己蓋的美麗建築早被拆掉。

　　即使有了一所中學校，臺灣人子弟就學管道仍然非常狹窄，想深造只有離開殖民地外出留學。不少年輕學子為了求學，抵達殖民母國後，赫然發現：原

來作為殖民地的臺灣竟然受到總督府那麼不合理的統
治，全然悖離憲政和民權的原則。第一次大戰期間
（1914-1918）美國總統威爾遜提倡民族自決，戰爭結
束後許多殖民地紛紛獲得獨立，在此一世界新圖景和
風潮的影響和鼓舞下，就讀東京各大學和學院的臺灣
留學生結社、聚會，認真思考臺灣的問題。一九二〇
年一月，在臺灣士紳蔡惠如和林獻堂等人的支持下，
東京的臺灣留學生成立「新民會」，並於七月創辦雜
誌《臺灣青年》──這是《臺灣》、《臺灣民報》、
《臺灣新民報》一脈相承、代表臺灣人喉舌的文字傳

10.5 《臺灣青年》創刊號封面
　　來源：《文化協會在臺南》2007；楊永智提供

播媒體的前身。當時年輕學子幾乎一致反對臺灣總督的專制統治，擬推動廢除賦予臺灣總督莫大權力的「六三法」。

所謂六三法指明治二十九年（1896）日本帝國議會通過的編號第六十三號的法律，賦予臺灣總督特權，得以發布具有法律效力的命令，也就是將帝國議會的立法權委任給作為行政官的臺灣總督。同時，根據「臺灣總督府法院條例」，臺灣總督對法院具有管理權和人事權。以此，臺灣總督在殖民地享有行政、立法，以及局部的司法三權。

就性質而言，六三法是臺灣特別立法統治的法源；所謂特別立法統治，就是將臺灣視為非日本憲法效力所及的地域而另外立法治理。日本領臺伊始，對於日本憲法應否實施於臺灣，即在日本本土引發論爭。有一派人士主張應該將臺灣視為日本領土的一部分（相對於視為殖民地），共同接受憲法的治理，納入日本的法制系統，這樣的主張在理念上屬於「同化主義」，在統治措施上則一般稱為「內地延長主義」，也就是主張將日本本土的制度同樣實施於殖民地。特殊立法也好，內地延長也好，殖民統治者（及學者）之間有分歧，有爭論，我們無法在此一一交代，更令我們關心的是，臺灣的知識分子如何看待這個問題。

六三法在一九〇六年為三一法（第三十一號法律）

取代，削減了總督的一些立法權，但基本上六三法和
三一法一脈相承，因此臺灣的知識分子仍習慣統稱之
為六三法。一九一○年代和二○年代交接之際，在東
京的臺灣留學生開始認真思考、討論：同化主義和特

10.6 東京車站前留學生歡迎第三次
臺灣議會設置請願團
來源：《蔣渭水留真集》2006；
蔣渭水文化基金會提供

殊立法統治，到底何者符合臺灣的利益？

如果同化主義能真正實現，臺灣人和日本人沒有差別，得以同享憲法保障的權利，以及代議政治等先進制度。用現在的話來說，顯然是「利多」，實無理

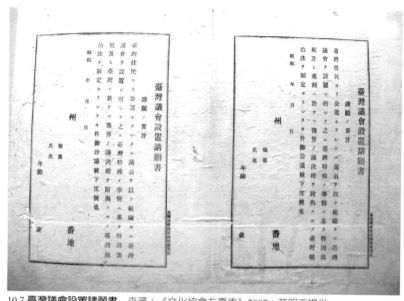

10.7 臺灣議會設置請願書　來源：《文化協會在臺南》2007；莊明正提供

由反對。因此，在日本的臺灣留學生起初大多贊成同化主義，反對特別立法，擬發起六三法撤廢運動。然而，同化主義另一個面相是文化同化，是殖民母國對殖民地文化的同化。以林呈祿為首的臺灣留學生對此深不以為然。林呈祿指出臺灣有自己獨特的歷史、文化、思想和傳統，在同化的名義下，這些都將無法避免泯滅的命運；就殖民地的主體意識而言，喪失歷史文化是一種切膚之痛，一種令人極難忍受的局面。為此，他認為特別立法才能確保臺灣的特殊性，因此不贊成推動六三法撤廢運動，而主張實質改變六三法的內容，追求殖民地自治。

　　我們可以將當時臺灣知識分子的選項，整理如下：

　　　A：總督專制＋臺灣特殊性

　　　B：憲政、民權＋同化主義（＝泯滅臺灣特殊性）

　　　C：憲政、民權＋臺灣特殊性

A是要被打破的現狀。B等於用臺灣的歷史文化來換取憲政和民權，代價過大。C既可享受憲政和民權，又可確保臺灣的歷史文化，何樂而不為？

　　在林呈祿的剖析和鼓吹之下，東京的臺灣留學生放棄以同化主義為原則的六三法撤廢運動，改采殖民地自治路線；而殖民地自治，首先必須有殖民地議會，由殖民地住民選出議員，行代議政治。這是一九二〇年年底的事。臺灣政治運動的領導階層於是決定根據日本帝國憲法所賦予的人民請願權，向帝國議會要求設立臺灣議會，從此展開延續十四年的臺灣議會設置請願運動（1921-1934），共提出十五次請願。雖終告失敗，但揆諸前後局勢，這是規模最大、歷時最久、群眾基礎最廣的反殖民運動，為日治臺灣史寫下慷慨激昂的一章。

　　第三次臺灣議會請願團成員，除了向貴眾兩院提出請願之外，並在東京申請成立「臺灣議會期成同盟會」。這個「舉動」導致該年（1923）年十二月十六日

10.8 **治警事件第一審被告與辯護律師合影**
　　前排左起：葉清耀(一)、其餘為渡邊暢(四)等日籍辯護士
　　中排左起：林篤勳(一)、蔡年亨(三)、林幼春(四)、蔡式穀(五)、林伯廷(六)、林呈
　　祿(七)、陳逢源(八)、石煥長(九)、吳海水(十)
　　後排左起：韓石泉(一)、鄭松筠(二)、蔡培火(三)、王敏川(四)、蔣渭水(六)
　　左圈特寫內：蔡惠如
　　來源：蔣朝根編著 2006；蔣渭水文化基金會提供

　　清晨，臺灣總督府警務局對全島請願運動分子展開由
南到北的大檢肅。當天被搜查和扣押的有四十一人，
另有五十八人遭到搜查、傳訊等不同情況。遭扣押的
有蔣渭水、石煥長、蔡培火、林幼春、蔡惠如、王敏
川、蔡式穀等領袖人物。由於殖民當局封鎖新聞報導
以及臺灣對外的電信，一時風聲鶴唳，人心惶恐。三
日後二十九人移送臺北地方法院檢察局。第二年一月

七日，臺北地方法院檢察官長三好一八以違反治安警察法第八條第二項規定為理由，起訴蔣渭水等十八人。這就是著名的「治安警察法違反嫌疑事件」，一般簡稱「治警事件」。蔣渭水稱之為「臺灣的獅子(志士)狩」，獅子的日文發音和志士一樣，也就是認為這是殖民當局對臺灣反殖民運動分子的大獵捕。

　　何以臺灣殖民當局可以大舉逮捕反殖民運動者？理由是違反總督的禁止命令。原來臺灣議會運動領導者在第三次上京請願之前，在臺北向北警察署提出成立「臺灣議會期成同盟會」的報備，卻遭到禁止的命令。他們抵達東京之後，以林呈祿為負責人，向早稻田警察署提出同一名稱的結社報備，由於未被禁止，遂舉行成立大會。臺灣總督府認為臺灣議會運動分子成立已被禁止的組織，係違反總督的禁止命令，以此名義拘押相關人士。這項罪名若成立，依治安警察法第二十三條第二項，得處最高刑期六個月的監禁，罰金最高則為一百圓。就罪行的性質和處分而言，其實不嚴重。但這個案子卻使臺灣全島陷入恐怖氣氛，儼然有興大獄之勢，給臺灣人藉法律行政治迫害的觀感。

　　在治警事件第一審開庭時，每天旁聽席擠得無立錐之餘地，不得入內的也很多；第二審亦若是。針對檢察官的論告，內地著名律師熱切辯護，當事人慷慨

陳述，使得法庭成為臺灣議會運動的最佳宣傳場地，是日本朝野的注目所在，大大提高該運動的能見度，更激發臺灣人的支持熱忱。兩次法庭論辯的內容刊登在《臺灣民報》，即使今天讀來都能感受各方「聲淚俱下」的激情，更何況在歷史現場的臺灣人！《臺灣民報》發行第一審公判特別號，八千冊旋即售罄。

治警事件第一審判決十八名被告全部無罪，二審結果，蔣渭水、蔡培火各判刑四個月，陳逢源、林呈祿、石煥長、林幼春、蔡惠如各判刑三個月，另有處罰金百圓以及無罪者。三審維持二審原判。如我們前面所說的，這個罪行處罰不重，不少「志士」利用被扣押的「空檔」讀書撰述，為《臺灣民報》增加稿源；他們被釋回和入獄服刑時，都受到民眾熱烈的迎接和歡送，放鞭炮、呼萬歲，直如英雄凱旋。整個事件實際上成為政治運動的一環。

臺灣議會設置請願運動，是以「臺灣」為單元的思考。在這裡，我們看到臺灣知識分子以臺灣住民之權益為最終目標的本位立場(請注意，這裡的住民包括平埔族)。如果在臺灣歷史上，我們要指陳哪個時點，居住於臺灣的人開始以臺灣為思考範疇，開始自稱臺灣人，那麼或許這是個明顯的起點。乙未割臺的共同命運，讓臺灣紳民不得不以地理的臺灣為思考單元，換言之，清廷割地所割的範圍形塑了「臺民」

的自我認同——如「臺民布告」所示。我們不能小看
這點，在清朝統治時，臺灣首先是福建省的一個府，
後來雖然獨立設省，人們在認知上很少以臺灣為一整
體，遑論以它作為一個單位來思考問題。殖民地的邊
界往往具有塑造界內人群的自我界定的效果，拉丁美
洲諸國即是明顯的例子。這是來自他力的界定，是被
動的，但我們在臺灣議會設置運動中則看到臺灣知識
分子的主動性。「臺灣」、「臺灣人」是他們思考和
奮鬥的對象，無怪乎殖民當局認定他們主張：「臺灣
非是臺灣人的臺灣不可。」（台湾は台湾人の台湾た
らざるべからず。）

到目前為止，我們將注意放在臺灣議會運動本
身，在這裡我們得回頭敘述一九二〇年代在臺灣掀起
風潮的文化啟蒙運動。臺灣議會設置請願運動啟動的
同一年（1921），在臺灣的蔣渭水深受鼓舞，和林獻堂
等人於十月成立臺灣文化協會，積極從事提升臺灣人
的文化活動。臺灣議會運動是政治的，文化協會是
文化的，有如車子的左右雙輪，將臺灣社會帶向一
個奮發、自我提升的方向。臺灣文化協會設置讀報
社、舉辦各種講習會和講演會。根據統計，四年之內
（1923-1926）臺灣文化協會於全島共舉辦七百九十八場
演講，其中五十九場遭警方解散；四年中聽眾總數從
二萬一千餘增至約十一萬三千人次，各州（臺北、新

10.9 **美臺團電影放映現場照**　來源：《文化協會在臺南》2007；盧丙丁家族提供

竹、臺中、臺南、高雄）每次聽眾人數從二百至一千
不等，由此可約略揣想其盛況。另外，最膾炙人口的
還有接連三年在霧峰萊園舉辦的夏季學校，參加人數
合計三百餘人，每次都超收。

　　「美臺團」也值得記上一筆。今天我們看電影
是很平常的事，但在這個時候，電影是稀有品，且往
往具有教育和啟蒙的功能。在蔡培火的策劃下，臺灣
文化協會組織電影放映團，巡迴於臺灣農村小鄉鎮之
間，放映傳達新知的電影，很受歡迎。「美臺團」的
團歌第一節唱道：「美臺團，愛臺灣，愛伊風好日也
好，愛伊百姓品格高。長青島、美麗村，海闊山又昂

10.10 一新會成員與一新會會旗

一九三二年一新會會旗，以「藍地三角形中一赤心」的面貌問世。本圖是會員、幹部與會旗的合照。前排坐者左起：林陸龍妻(一)、林其華妻(二)、林吳帖(三)、林楊水心(四)、林春懷妻(五)、林其賢妻(六)。中排立者左起：林其華(一)、林瑞騰(四)、林獻堂(五)、林攀龍(六)、林其賢(十)。後排立者最高者為林猶龍，其前為莊太岳。左上方框照為林水來醫生(當日未到場)。來源：賴志彰編撰 1989

（kôan），大家請認真，生活着美滿！」（歌詞以臺語發音；臺語，語言學上稱閩南語）

那是個愛歌唱的時代，「美臺團」團歌讓我們想起同樣明亮，給人向上提升力量的「臺灣議會設置請願歌」，它的第一節唱道：「世界平和新紀元，歐風美雨，思想波瀾，自由平等重人權，警鐘敲動，強暴推翻，人類莫相殘，慶同歡，看、看、看、美麗臺

10.11 分裂後的臺灣文化協會開會情景
　　王敏川(講臺上中坐者)主持臺灣文化協會第四次全島大會。會場上張貼「臺灣解放
　　運動萬歲」、「打倒地方自治聯盟」、「打倒臺灣民眾黨」等標語。臺上臺下則均
　　有警方監視。　　來源：《二十世紀臺灣民主大事寫真》2005；莊永明提供

灣，看、看、看、崇高玉山。」(臺語發音)

　　一九二五年日本本土普選運動成功，國會通過
普通選舉法，賦予滿二十五歲之男子選舉權(過去有
納稅額限定)。這同樣是透過請願方式，足足奮鬥了
二十五年的結果，給臺灣政治運動者很大的鼓勵。如
果臺灣議會設置請願有成，如果文化協會繼續啟蒙大
眾，殖民地臺灣會是怎樣一個景況？我們無從知道，
因為接下來的時局變化將歷史帶向另一個方向。臺灣
文化協會在一九二七年分裂了，知識分子之間原本如

10.12 臺灣民眾黨第二次黨代表大會於臺南南座舉行
　　來源：《文化協會在臺南》2007；盧丙丁家族提供

彩虹般的思想光譜，不再是媲美並麗的色彩，思想的
分際正成為彼此切割的界線。

　　這個光譜從主張殖民地自治（自由民主主義）、社
會主義思想、馬克斯主義，共產主義，到無政府主義
（以「臺灣黑色青年聯盟」為代表）都有，其熱鬧激烈
的景況或非生於戰後的我們所能想像。主張殖民地自
治主義的人士，若在非殖民國家，就是自由主義者，
著眼於憲政和民權；但是臺灣是殖民地，使得同樣的
奮鬥加倍困難──近代臺灣的歷史過程好像總是面臨

重層的困境。自治主義團體日後更分化出保守的「臺灣地方自治聯盟」組織，走回「同化主義」的路線。

　　無論社會主義、馬克斯主義或共產主義，一般稱之為左派思想。要了解臺灣的左派思想，不能不放到日本、中國，乃至於整個世界的思潮脈絡中，予以闡釋。「臺灣議會設置請願歌」云：「世界平和新紀元，歐風美雨，思想波瀾……」，若加上「俄雷中雲」，則更能勾畫一九二、三〇年代臺灣的思想波瀾。當然我們不能忽略來自殖民母國的影響，以及殖民地這個框架給予臺灣的種種制限。在這個世界新紀元裡，由於產業急遽發達以及資本的寡占和利權的壟斷，造成種種差別和壓榨，導致嚴重的農民和勞工問題。如果說日本的自由民權運動和明治維新齊頭並進，到了世紀之交(1900 年前後)，則興起社會主義思潮和運動；後者曾被迫「冬眠」，在大正民主期又復甦。但無論自由民權或社會主義運動，在臺灣都擠在一九二〇年代短短的十年內發生。

　　一九二七年元月臺灣文化協會分裂，由左傾的連溫卿一派取得主導權——從此開始一連串分裂的再分裂，好像物理連鎖反應一般。同年七月蔡培火、蔣渭水等人另組臺灣民眾黨，是政治結社。臺灣民眾黨內部亦發生路線問題，一九三一年二月遭禁止，八月蔣渭水因病逝世。一九二七年分裂後的文協，於

10.13 第一屆市街庄議員選舉臺中市會議員選舉（1935 年 11 月 22 日）
　　來源：《清水六然居 楊肇嘉留真集》2003；六然居資料室提供

一九二九年再度分裂，連溫卿遭開除，由王敏川等「上大派」（上海大學留學生）取得主導權，三〇年代初，文協成為臺灣共產黨的外圍團體。

臺灣的農民運動起源很早，在李應章、簡吉、趙港、楊逵和葉陶等人的領導下，如火如荼進行著。他們協助佃農和蔗農向地主和糖業公司爭取權益，並在官方出售竹林給特定公司、出售土地給退休官僚而引起的糾紛中，領導土地原使用者起而抗爭。一九二六年成立「臺灣農民組合」（農組），至一九二九年二月，全臺組合員共有二萬五千人，聲勢浩大。

　　一九二八年四月，在日本共產黨和中國共產黨的指導下，謝雪紅、林木順、林日高等人在中國上海法國租界成立臺灣共產黨(臺共)，其後該黨成員相繼返臺展開活動，以農民組合和文化協會為重點。翌年二月十二日發生以文協、農組和臺共為對象的大檢肅，是為「二‧一二事件」，左派力量，受到重挫。

　　不論保守或激進，臺灣人的政治活動在官憲越來越緊的壓迫下，逐漸銷聲匿跡。一九三〇年代日本本土法西斯主義(右翼)和軍國主義猖獗，作為殖民地的臺灣也籠罩在這樣的氣氛之下，不同的是，在日本本土是自家官憲壓迫自家人，在臺灣則是異民族官憲壓迫非我族類的反抗者。日本法西斯主義的興起不是一朝一夕，可以說和左派運動相倚相伏。一九二五年國會通過「治安維持法」，第一條規定：「以變更國體或否認私有財產制度為目的而組織結社，或知情而加入者，處十年以下之懲役或禁錮。前項之未遂罪，罰之。」顯然針對共產黨而來，但也成了壓迫異議分子的殺手鐧。那是個思想日漸緊縮，人身欠缺保障的時代，一個左派知識人可能不明不白死在某個街邊或碼頭。

　　一九三一年四月起，臺灣官憲發動大逮捕，臺共黨員相繼被捕殆盡，是為「臺共事件」。我們前面提過一九二三年治警事件發生時，被拘押的志士們在

獄中讀書寫作，一九三〇年代，不管在日本本土或殖民地，官憲對付共產黨嫌疑犯的手法殘酷，在公開審判前的羈押調查期，不惜訴諸刑求，以取得口供；未公審即死於獄中，並非少見。這時根據一九二八年修訂的「治安維持法」，嚴重者可判死刑。一九三四年九月，臺灣議會設置請願運動終於由領導人開會決定終止該運動。該年十一月臺共案二審宣判，謝雪紅被判處十三年徒刑（1939年4月因肺結核病重，保釋出獄），簡吉十年（1941年出獄），其餘刑期不等。一九三六年六月十七日，林獻堂在臺中公園遭到右翼浪人毆打……。今天我們回頭看，就反殖民運動而言，相對於肅殺的一九三〇年代，一九二〇年代或許稱得上是最好的時光。

今天有些人將凡是非左派的思想都說成「右翼」，那是不正確的。右翼一般指法西斯主義，無法用來指稱信奉自由和民主的自由主義者；主張代議政治的殖民地自治主義者，再怎麼說都不是右翼。殖民地臺灣的確有右翼組織，目的在撲滅臺灣民族自決運動以及左派勢力，以一九二九年成立的「高千穗聯盟」為其嚆矢，團體紛陳，至一九三四年元月「大亞細亞協會臺灣支部」成立而達到高峰。後者是日本本土「大亞細亞協會」第一個正式支部，主導層是日本人，臺灣人加入的有辜顯榮、顏國年、郭廷俊、林熊

祥等企業家。這才是殖民地臺灣的「右翼」，歷史現場的殖民官憲是這樣認定的。一九二四年從內地來臺灣為治警事件的志士辯論的清瀨一郎，在「揮淚熱辯」中流露對自由主義的堅信，他所期待的日本帝國是自由主義的帝國。但這個期望落空了。何以日本在大正‧昭和的十字路口無法選擇康莊大道，而走向對外侵戰之路，是個難解之謎，我們留待研究近代日本的學者繼續來為我們剖明。

一九三七年臺灣進入皇民化運動時期，知識分子噤若寒蟬，喪失發聲的管道。不過，在此之前，臺灣知識分子繼續發言，繼續以臺灣為單元，思考臺灣的問題。在一九三〇年代「鄉土文學和臺灣話文」論戰中，我們看到殖民地的困境愈來愈難掙脫。在以日語為教育語言的殖民地臺灣，習慣使用日語的新知識階層已然形成，主張用臺灣話(閩南語)來書寫文學，彷彿站在流冰上，試圖撐竿定位。無論是黃石輝、郭秋生的語言主張，李獻璋的整理民間傳說，巫永福的「臺灣人種」論，以及洪耀勳的哲學論述，很難說有何群眾基礎，但是，他們代表了臺灣知識分子在愈來愈偪仄的環境中，對臺灣文化的思考；他們所企及的高度、深度和廣度，是我們珍貴的文化資源。

在二十一世紀第二個十年快結束之際，八、九十年前臺灣前輩愛唱的歌，是否還不失新意呢？

……自由平等重人權，警鐘敲動，強暴推翻，人類莫相殘，慶同歡，看、看、看、美麗臺灣，看、看、看、崇高玉山。

第十一章

臺灣人的美學世界

臺中出身的張深切在戰後回憶一位臺灣年輕人時，寫道：「記得他每天在高砂寮的空地一角打石頭，手拿著鐵鑽和鐵鎚，孜孜矻矻地打大理石，除了吃飯，少見他休息。許多寮生看他不起，有的竟和他開玩笑問道：『喂，你打一下值幾分錢？有沒有一分錢？』他昂然答道：『那裡有一分錢？你說這得打幾百萬下子？』有時候，人家問他話，他不答應，所以有許多人不喜歡他。當時的留學生，對美術尤其雕刻不甚理解，以為這是沒有出息的玩意兒。」高砂寮是臺灣總督府為臺灣留學生在東京設立的官營宿舍。這位被同儕奚落的年輕人就是臺灣雕刻家黃土水。

黃土水（1895-1930）生在臺灣割讓給日本的那一年，三十五歲即因病逝世。他短短的三十五年的人生留給臺灣無盡的美學資源，可惜因為時代的關係，他的若干重要作品遺失了，我們永遠和它緣慳一面。黃土水生於艋舺貧窮的木匠之家，九歲進公學校唸書，二十歲任教於大稻埕公學校，由於民政長官內田嘉吉的推薦，獲得獎學金赴東京留學。一九二〇年，黃土水進入東京美術學校（東京藝術大學前身）研究科一年級，以作品〈番童〉入選第二回帝國美術院展覽會（簡稱「帝展」），一夕成名。帝展是日本戰前最重要的美術展覽，入選即等於受到最高等的肯定。如果黃

11.1 **黃土水與作品〈郊外〉**　來源：《臺灣日日新報》1924年8月16日
第 5 版

土水只是以〈番童〉入選，或許我們可以說他以殖民
地特色取勝，但是接著兩年（1921、1922）黃土水都
有作品入選帝展，生前總共入選四次，最後一次在
一九二四年。

　　水牛、牧童，以及彷彿從海貝中誕生的東方裸
女……，是黃土水彗星般的一生留給我們的幾個鮮明
意象。他的學院訓練是西洋的，他刻畫的對象則是自
己跟著成長過來的東西。作為鄉土的臺灣，是黃土水
創作的泉源。二十七歲的黃土水應《東洋》雜誌邀
稿，寫了〈出生於臺灣〉一文，他說：「生在這個國
家便愛這個國家，生於此一土地便愛此一土地，這是

人情之常。雖說藝術無國界之別,在任何地方創作都是一樣的,但終究還是懷念自己出生的土地。由於我們臺灣是美麗之島,特別令人懷念。」

　　美麗之島啊,水田真是翠綠,寂靜中,從透明的空氣中飛下幾隻白鷺鷥──我們的青年江文也不勝感動,非得把這感動化為音樂不行。從基隆搭船回到日本本土,江文也迫不及待譜成〈來自南方島嶼的交響曲素描〉,這是作曲家江文也的處女作,在這之前他是聲樂家。這首樂曲的第四樂章「城內之夜」是他的成名作〈臺灣舞曲〉的前身。

　　江文也(1910-1983),原名江文彬,出生於臺灣,幼年隨父母移居中國廈門,就讀臺灣總督府在廈門為日本人(含臺灣人)創辦的旭瀛書院。江文也十三歲喪母,父親將他和哥哥文鐘送到日本長野縣受教育。江文也非音樂科班出身,他靠戰前日本藝術成名機制──各種競賽,以聲樂進入樂壇,當時才二十二歲。一九三六年,江文也的管弦樂曲〈臺灣舞曲〉,壓倒日本成名作曲家,贏得柏林奧林匹克運動會藝術部競賽管弦樂認可獎,一夕成名,成了「半個偶像」。江文也多才多藝,唱歌、作曲、寫詩、論著、繪畫都令人印象深刻。可能由於個性浪漫,他走了一條崎嶇坎坷的人生之路,戰後留在中國,遭遇反右運動和文化大革命的摧殘,最後病死北京,留下未完成

11.2 鄉土訪問演奏團於壽山山頂觀望亭前合影（1934 年 8 月 20 日攝）
一九三四年「臺灣同鄉會」在日本東京成立，該會推動旅日、留日的臺灣青年音樂家，組成「鄉土音樂訪問團」返臺巡迴公演，楊肇嘉(左五)是此次巡迴音樂會的原提案人與總召集人。圖中左一為江文也、左二為翁榮茂、左三為林秋錦、左四為高慈美。右一為飛行士彭金國、右四為林澄沐、右六為陳泗治。
來源：《清水六然居 楊肇嘉留真集》2003；六然居資料室提供

　　的管弦樂曲〈阿里山的歌聲〉。

　　　　如果黃土水的臺灣是一呼一吸中的鄉土，江文也的臺灣則是浪漫的、想像的居多。不過，其為藝術創作的靈感則為一。黃土水和江文也還有一點相近處，他們都是在臺灣還沒有所謂的「近代」藝術之際，崛起於帝國巡禮圈。他們像是平地突然起高山，有點突兀，卻讓人賞歎。

　　臺灣還沒有「近代」藝術？此話怎麼說？臺灣在成為日本殖民地之前，漢人社會的藝術以中國傳統的書畫為主。鄭經統治臺灣時，陳永華主政，重視文教，藝術方面或許有所成就，只是即使有佳品，想必在鄭克塽降清，明鄭約四成人口遭遷回大陸之際，散毀殆盡。今天賸有寧靖王朱術桂的書法，供人憑弔那或曾有過的繁華。傳有鄭成功書法留世，但自署「鄭成功」啟人疑竇；「鄭成功」是世人的便宜叫法，唐王賜姓改名之後，鄭森理當稱朱成功，或自稱國姓成功。

　　清朝統治之初，限制人民渡臺，來臺墾荒者，大抵出身窮困，沒有餘資餘暇欣賞藝術，遑論致力於生理以外的雕蟲小技。然而，隨著開發的腳步，士紳階層逐漸形成，文風漸盛，擅長書畫的人成為可期。林朝英(1739-1816)是臺灣最早，也是最著名的書畫家之一，他生在乾隆初的臺灣府城（今臺南市一帶），可說相當自然，和先民歷史的軌跡若合符節。

　　林朝英的字，人稱「竹葉書」，挺健蒼勁，他的水墨花卉，瀟灑生動。林朝英以文士的身分作書繪畫，比他晚出的林覺則是職業畫家。林覺生卒年不詳，他活躍時期正是中部文風鼎盛的道咸年間，那時候臺灣第一位「土著進士」（此處土著非關原住民，土生土長之意）鄭用錫和文武雙全的林占梅分別營建

11.3 **林朝英的行書** 1807
來源：黃天橫藏・提供

11.4 **林覺〈水鴨〉** 來源：黃天橫藏・提供

北郭園和潛園。林覺出身嘉南一帶，曾遊竹塹北郭園和潛園，頗留下一些作品。林覺以狂草筆意作畫，人物和水墨花鳥，意趣橫生，似乎深受揚州八怪之一黃慎的影響。

本地的書畫家外，宦游的官員文人以及旅寓的藝術家，為臺灣帶來豐沛的藝術泉源。前者是傳統中國「禮樂巡禮圈」的普遍現象，毋庸多費筆墨，後者則頗值得一提。臺灣板橋林本源家族以經商致富，注重藝術，道光咸豐年間，曾禮聘內地書畫名家呂世宜、

11.5 呂世宜授經之堂「愛吾廬」

呂世宜（1784-1855），字西村，本籍金門，一八〇八年成生員，一八二二年中式舉人。臺灣兵備道周凱引薦與板橋林家。其作品為清代臺灣書畫藝術重要指標之一，對清領末葉和日治時期臺灣書壇影響頗大。
來源：《愛吾廬題跋》1923

11.6 石川欽一郎與學生在臺北師範學校校園寫生　來源：顏娟英 2005

11.7 石川欽一郎〈豐原〉　來源：顏娟英 2005；倪氏家族（倪侯德）藏・提供

11.8 倪蔣懷〈淡水近郊〉1936　來源：倪氏家族（倪侯德）藏・提供

謝琯樵和葉化成寓居林家，三人都是閩人。若用西方的概念，林家就是藝術家的贊助人(patron)。早在此之前，新竹鄭用錫家和林占梅家都是書畫家的孟嘗君。藝術有賴承平豢養，豈不然哉？一九二六年，林家曾舉辦「呂世宜謝琯樵葉化成三先生遺墨」展，一時膾炙人口。這個時點，正是傳統書畫與近代藝術消長的關鍵期。

占領臺灣的日本是個在諸多方面朝西化前進的國家，藝術上大舉向西方學習，引進水彩畫、油畫等觀念和畫法。「流風所及」，臺灣作為帝國的殖民地也開始有了近代美術。石川欽一郎(1871-1945)可以說是這個變化的重要媒介人物。陸軍翻譯官的水彩畫家石川欽一郎兩度來臺，在不同階段都起了關鍵性作用。第一階段(1907-1916)是透過展覽會、畫會與報紙媒體，介紹西方美術給臺灣，第二階段(1924-1932)是在師範學校教授美術，培育學生，如倪蔣懷、藍蔭鼎、陳植棋、李澤藩等人。

臺灣總督府終其統治，未在臺灣設立美術學校之類的專門學校。一九二○年代起，雖有著名畫家石川欽一郎和鹽月桃甫(油畫)、鄉原古統(東洋畫)在師範學校和中學校教授美術，終究只是一般教育中的圖畫課而已，離專業學校甚遠。因此，臺灣青年藝術家若要追求藝術家之夢，又將如何？臺灣美術史研究開

11.9 鹽月桃甫〈吹口琴的
　　 少女〉1924
　　　來源：鹽月家屬提供

11.10 鹽月桃甫與繪製中的〈虹霓〉(1936)合影　來源：王淑津提供

創者顏娟英教授指出三條路徑：留學東京、回歸祖國（中國），以及航向巴黎。到東京就讀美術學校的有上述的黃土水、陳植棋、何德來、廖繼春、李梅樹、李石樵；到中國的有劉錦堂、陳澄波（先到日本留學）、張秋海、王白淵、郭柏川；遠到藝術之都巴黎深造的有陳清汾、顏水龍、楊三郎、劉啟祥。回到欠缺吸納美術人才的機構的殖民地臺灣，我們的畫家往往遇到藝術與生活難以兩立的現實困境。

　　如果帝展是日本帝國一年一度的藝術嘉年華會，那麼它的殖民地版就是「鮮展」和「臺展」。前者指朝鮮美術展覽會（1922-1944），後者則是臺灣美術展覽會（1927-1936），其後由臺灣總督府接辦，是為「府展」（臺灣總督府美術展覽會，1938-1943）。入選臺展

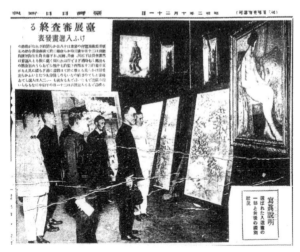

11.11 **第一屆臺展入選發表**　來源：《臺灣日日新報》1927年10月21日 第5版

代表臺灣藝術家的最高榮譽，如果受聘為審查員，則可以說確立了在藝術界的地位。東洋畫部有陳進，西洋畫部有廖繼春和顏水龍，但比起日本人審查員，人數少得很，分別為一比十七，二比十七。

在第一屆臺展，陳進、郭雪湖、林英貴(林玉山)三位年輕畫家同時入選東洋畫部，喧騰一時，世稱「臺展三少年」。在這裡有必要說明何謂「東洋畫」。東洋畫基本上相對於西洋畫而言，指東方(中

11.12 **陳進〈合奏〉**1934　來源：畫家家屬藏．提供

國、日本)傳統的繪畫,但在這個特定的時點,特重寫生和寫實,因此接近明治以來受西洋畫法影響的傳統日本畫,而遠離寫意的中國水墨畫。由於臺展具有規範和「導航」作用,東洋畫於是取得和西畫並立的主流地位,傳統水墨畫退居二軍。

臺展可以說是日治時期臺灣美術成就的展示場域,生於戰後十年內的世代耳熟能詳的臺灣西畫家大都曾入選臺展,但是由於黨國教育、記憶斷層,以及知識傳播的一元化等因素,我們大都不知道他們的藝術歷程,他們好像是孫悟空從石頭蹦出來。若非受益於近三十年來臺灣美術史研究的長足進步,我們的理解仍將是斷裂的,欠缺歷史深度。例如,一九五、六○年代,以畫臺灣鄉間景色紅極一時的水彩畫家藍蔭鼎(1903-1979),若考其傳承(係出石川欽一郎之門),將有「原來如此」之感;只是戰後藍蔭鼎逐漸從寫生向寫意傾斜,是否也是時代潮流的映現呢?

11.13 **林英貴(林玉山)**〈大南門〉1927　來源:《第一回臺灣美術展覽會圖錄》1928

11.14 陳澄波〈嘉義公園〉（一）1937
　　國立臺灣美術館典藏　來源：財團法人陳澄波文化基金會提供

11.15 陳澄波〈嘉義街中心〉1934　來源：財團法人陳澄波文化基金會提供

11.16 **陳慧坤〈故鄉龍井〉** 1928
來源：畫家自藏

　　近年來，日治時期臺灣美術史研究有個重要課題，也就是探討臺灣繪畫中的「地方色彩」的問題。一個從日本本土來到北回歸線經過的臺灣島的內地人，往往被島嶼炫目的陽光和絢爛的色彩所魅惑。石川欽一郎寫道：「只要曾經到過臺灣接觸其風景的人，都可以體會到臺灣是全日本中自然的色彩最鮮豔而多變化的地方。況且，類此鮮豔和變化的趣味，從臺灣北部逐漸向南移時便愈發明顯。到嘉義以南，落日餘暉，天地俱沈醉在紅色的彩霞中，除了本島以外，在日本任何地方都看不到。華麗的程度與有名的印度洋落日相同。」作為這個島嶼的主人的我們，當

11.17 **李石樵**〈合唱〉1943
　　 來源：李石樵美術館藏

然很高興外來的人毫無保留地稱讚我們的景色。但
是，身處後現代和後殖民理論流行的當代，我們對
「外人」以及外人對「他者」的觀點總存在著很深的
懷疑，何況這個外人還是殖民統治者的一分子呢。於
是出現很多艱澀難懂的分析。這種省思是必要的，可
惜在這裡我們無法深入討論，只是今天當我們回頭看
這些前輩畫家為我們留下的作品，很大比例都是描繪
作為故鄉、作為鄉土的臺灣，他們以藝術家之眼，凝
視故鄉，不迴避土俗，不迴避原住民，就算是因為殖

11.18 立石鐵臣〈臺灣民俗圖繪
　　　六：揀茶〉
　　　來源：《民俗臺灣》第二
　　　卷第一號 1942年1月

11.19 一九三〇年初高一生(後排左二)與臺南師範學校好友合影於音樂教室
　　　來源：高英傑提供

民者喜歡他們描繪這個島嶼而描繪之，又有何關係呢？再說，在臺灣的日本人畫家還不是「得」畫臺灣——其實不少人就是想畫臺灣而來臺灣。難不成我們還冀望殖民者要臺灣人畫吉野櫻、鳶尾花，畫觸摸不到的內地風景？殖民統治是日本人的「原罪」，動輒得咎，這是日本人的歷史命題，必須由他們自己解決。作為生活在這塊土地的臺灣人，我們觀看陳澄波的〈嘉義公園〉、陳慧坤的〈故鄉龍井〉、李石樵的〈合唱〉，以及立石鐵臣的版畫時，那種感動是屬於我們自己的。

英才早逝的黃土水曾感嘆：「我們臺灣島的天然美景如此的豐富，但是可悲的是居住於此處的大部分人，卻對美是何物一點也不了解，所以他們也不能夠在這天賜的美再加上人工的美，美化人們的生活，提倡高尚優美的精神，有意義地渡過人生。本島人完全忽視了美的生活與趣味的生活。」他「期待藝術上的『福爾摩沙』時代來臨，我想這並不是我的幻夢吧！」看著濫墾的山林，看著違建把貪婪寫在門窗、寫在美麗的天空，只有我們才能決定這是不是黃土水的幻夢。

我們到目前為止幾乎都沒提原住民的藝術，若提到也都是原住民作為「他者」被人所描繪。原住民的藝術非常多樣、豐富，就在生活中，以群體方式體

11.20 **在臺南師範學校音樂教室的** **陸森寶**　來源：陸賢文提供

11.21 **卑南族音樂家陸森寶**　來源：陸賢文提供

現，而非由個別的個人來呈現。原住民的藝術表現於織品、舞蹈、歌唱，或雕刻等形式。我們一般都說原住民很會唱歌跳舞，比起漢人，這大概毫無疑義吧。一六〇三年中國福建連江的陳第隨沈有容將軍追勦海盜到了東番（約當臺灣西南海岸一帶）。東番人聽到音樂就起身跳舞唱歌，青春男兒吹口琴示愛，給了他很深的印象，因此在〈東番記〉記了下來。

　　原住民如何接觸到現代藝術？和漢人學童一樣，他們從學校的美術課和唱歌課學習畫畫和歌唱。畫畫需要畫具，比較不容易融入生活，唱歌則只要張開口；受過殖民地初等教育的臺灣人（漢人原住民一同）即使年過古稀，大都記得在公學校或番童教育所學到

11.22 原舞者演出高一生的故事《杜鵑山的回憶》（劇照）
來源：財團法人原舞者文化藝術基金會提供

的歌曲，隨口可唱、可和。學童愛唱歌或許可以算是
日治時期殖民地教育的一個重要面相。但是，如同欠
缺美術專門學校，殖民地臺灣也沒有音樂專門學校，
如何能培養音樂人才？唯一的途徑就是到內地。雖然
如此，我們具有音樂天分的原住民菁英卻能突破這個
制限，利用僅有的師範學校音樂教育，也能走出自己
的創作之路。鄒族的高一生和卑南族的陸森寶是箇中
翹楚。

　　高一生(1908-1954)是 Uyongu Yatauyungana(吾
俄‧雅達烏有阿納)的漢名，日本姓名為矢多一生。

陸森寶（1910-1988）族名為 BaLiwakes（巴力瓦格斯），
一九四一年改為日本名森寶一郎，一九四六年改用漢
名。兩人都是臺南師範學校的學生，高一生比陸森寶
高三屆。臺南師範學校想必是個能讓學子發揮潛能的
環境，高一生和陸森寶學會彈鋼琴和其他樂器，為日
後創作樂曲奠定基礎。戰後高一生開始創作歌曲，他
的歌曲有鄒語，也有日語，極為優美動聽，可惜白色
恐怖剝奪了他的生命，以及他可能給予我們的美麗音
樂。陸森寶於一九五〇年開始創作歌曲，大多為卑南
語，約四十年間，他為卑南族人留下無數廣為傳頌的
歌謠和天主教聖歌。

　　在五年制的師範學校（另加一年演習科，共六
年），陸森寶和高一生相差三屆，應該彼此認識，但
是終陸森寶之一生，沒有人聽他提到高一生──或者
應該說，在那個被迫遺忘和沈默的時代，他沒有理由
提及高一生。終於，半世紀後，我們聽見了高一生的
音樂，聽見那迴旋於杜鵑山的歌聲：

　　　是誰在森林的深處呼喚

　　　寂靜的黎明時候

　　　像銀色的鈴鐺一樣

　　　華麗的聲音 呼喚著誰

　　　啊 佐保姬喲

　　　春之佐保姬喲

啊，是誰在呼喚春神？在死蔭的幽谷的底處。

　　臺灣人的美感世界，也許曾經支離破碎，也許曾經為殖民者所宰制，但是，那片段的光亮，那零散的瑰麗，我們得一一撿拾起來，只有我們才能使它，以主體之姿，再現光亮，再現瑰麗。

第十二章

戰爭下的臺灣

解嚴數年後，新聞媒體關於「臺籍前日本軍人・軍屬」的報導不少。一九九七年夏天臺北市政府竟也舉辦一場「臺灣人的戰爭展」，以紀念「終戰」五十二週年。一九四五年八月十五日，日本天皇透過廣播（時稱「玉音放送」）向日本帝國子民宣布戰爭結束。死傷無數，很難再撐下去的戰爭終於結束了，當時不少日本人民跪在皇宮二重橋前的廣場，悲泣不能自己。記錄這一景象的舊照片，到現在還常出現在日本的報章書籍。臺灣人那一剎那的感受又如何呢？──興奮？傷感？還是若有所失？這是個很難回答的問題。即使七〇年過去了，到底八月十五日是怎樣的一個日子，應稱作什麼？都還讓人頭痛。「光復」嚴格來說，是十月二十五日，而且，由於日後的變局讓很多臺灣人無法使用這個詞；「終戰」又是純

12.1 **二重橋前天皇出巡圖**
來源：《公學校修身書（兒童用）》卷二　臺灣總督府 1914

12.2 **臺灣農業義勇團團旗授與式**（在今總統府前）　來源：《臺灣教育》第 431 號 1938

12.3 **桃園郡役所的偽裝**　這是中日戰爭開始前三年的演習，可見殖民當局注重平日之準
備。　來源：《昭和九年臺灣軍特種演習寫真帖》 1934

日本用語，就算意思對，也還顯得偷懶。

　　年輕的讀者可能對「臺籍前日本軍人・軍屬」感到陌生，社會上或稱之為「臺籍日本兵」，但這是個籠統的概括性稱法。這個詞係指從一九三七年秋天到一九四五年八月中，以各種方式加入日本軍隊的臺灣人，他們不全然是正規軍人，實則大多數是所謂的「軍屬」（軍中雇員）。他們當中有軍夫、翻譯員（通辯、通譯）、軍醫、巡察補、護士、護士助手等。由於很難以軍人指稱全體，但他們又都加入戰爭的行列，穿軍服，過軍隊生活，所以泛稱為「兵」。

　　日本統治當局對臺灣人的軍事動員始於一九三七年秋天。我們知道，該年七月七日，日本發動蘆溝橋事變，引發中日兩國的戰爭，史稱第二次中日戰爭。事變之後，日本軍隊攻占中國華中，臺灣軍參與戰爭，要求臺灣供應軍夫，於是而有軍夫的徵雇。須說明的是，所謂臺灣軍是日本人的軍隊，司令部在臺灣，就像關東軍是駐在中國東北的日本軍隊一樣。早期的軍夫被派遣到中國華中一帶，擔任軍中雜役，如搬運、開路、種菜等工作。他們不是武裝軍人。約與軍夫同時徵雇的有軍中翻譯員，也不是正規軍人。日本在臺殖民政府真正開始動員臺灣人以正規軍人身分到前線作戰，始於一九四二年的「志願兵」制度。這個制度的背景是什麼呢？這就必須先了解戰爭下殖民

當局在臺灣推行的「皇民化運動」。

皇民化運動，就字面的意思來說，是要把殖民地人民改造成「天皇的子民」，或「皇國的臣民」，也就是天皇制度下的日本人。換個直接的講法，就是要殖民地人民(臺灣人、韓國人等)成為「真正的日本人」。皇民化運動在性質上是極端的同化主義，在實際需要上則是日本帝國戰爭動員的一環。也就是說，要改造臺灣人為真正的日本人，是配合戰爭的需要。日本於一九三七年侵略中國，引發中日戰爭，嗣後擴大為太平洋戰爭，這個戰爭的規模與戰區的迅速延伸，不是日本本土的人力與資源所能負荷的，因此必須動員殖民地的人民與資源；要動員殖民地，又非得有殖民地人民對殖民母國不可置疑的忠誠為後盾不行。因此不得不加強皇民教育，倡導皇民化。

皇民化運動在臺灣約始於一九三七年春天，終於日本戰敗投降，席捲日本統治最後八年的臺灣社會。皇民化運動的主要項目有：一、國語運動，二、改姓名，三、志願兵制度，四、宗教、社會風俗改革。「國語」在當時指日語；國語運動的終極目標在使所有的臺灣人都能講日語。殖民政府為推行日語，針對教育程度低或失學的人口，在各地設立校外的日語講習所；以高教育階層為對象，則有所謂的「國語家庭」的表揚和獎勵辦法。國語運動在性質上具強烈的

12.4 **國語運動的標語**
　「常用國語(日語)！買東西也用國
　語，賣東西也用國語。」
　來源：山本地榮編 1944；南
　天書局提供

12.5 **「國語之家」認定證書**
　東山龍源是出身苗栗銅鑼的臺灣人，改
　日本姓名。此證書是1943年新竹州所授
　與，認定他的家庭為「國語之家」。
　來源：南天書局提供

排他性，壓抑、甚且禁止方言（臺語、客家話、原住
民諸語言）。推行的結果是，能講日語的人口大量增
加，根據統計，一九四〇年臺灣「解日語者」高達百
分之五十一，實際情況或應打大折扣。「國語家庭」
據估計，或許占全戶數的百分之一左右。

　　改姓名是透過法定的手續將漢式姓名（土著民族
則為片假名音譯）改為日本式的姓名。例如，簡朗山
改為「綠野竹二郎」。臺灣人原先除非透過入養日本
人家庭之類的方式，否則無法在戶籍上改用日本式姓
名。一九四〇年二月一日，臺灣總督府公布改姓名辦
法，「打開〔臺灣人〕姓名變更之途」。改姓名以戶
為單位，須由戶長提出，一改全家都改。在臺灣，改
姓名是許可制，不同於朝鮮的強迫制。也就是，想改

12.6 正廳改善實地指導　來源：陳華宗 1939

姓名者必須提出申請，符合條件才准許。必要的兩大
條件是：一、該家庭必須是「國語常用家庭」，二、
須具有皇國民之質素。臺灣人起初對改姓名不熱衷，
但在壓力與勸誘下，加上條件放寬，人數逐漸增多。
由於資料不全，我們目前無法知道改姓名的人數。不
過，到了戰爭後期，使用日式姓名的人數大增，他們
當中許多人似乎並未透過戶籍更改方式改姓名。例
如，今天尚健在的臺籍日本兵，幾乎人人有個日本式
姓名，使用於軍中。

　　宗教改革的最終目標，在於以日本國家神道取
代臺灣固有的宗教信仰。在做法上，雙管齊下，一方
面提倡日本神道，一方面壓抑民間宗教。在皇民化時
期，臺灣的神社數目急遽增加，臺灣一半以上的神社
是在這段時間興建的。在日常生活中，殖民當局強制
臺灣人在家裡奉祀神宮大麻。所謂神宮大麻就是祭祀
天照大神的伊勢神宮對外頒布的神符。雖然很多臺灣
人家庭領到大麻，但真正祭拜的可能非常少。另外，
公家機關也動員臺灣人參拜神社。殖民當局壓抑民間
宗教最激烈的政策是「寺廟整理」，企圖透過地方寺
廟的整理與裁併，達到消滅民間宗教的目的。這個政
策雖然因強烈的反對聲浪而中止，但經過這一番「整
理」，臺灣寺廟和齋堂的數目大為減少。宗教的改革
可以說只有表面的優勢，神道信仰在臺灣是「船過水

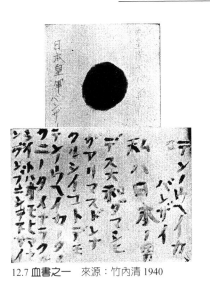

12.7 **血書之一**　來源：竹內清 1940

無痕」，沒留下什麼影響。

　　社會風俗方面，殖民當局致力於改革民間結婚與喪葬等「陋俗」，鼓勵臺灣人採取日本式儀式。例如，所謂的「神前結婚」就是神道婚禮。可惜這方面的研究不多，還無法細論。

　　志願兵制度關係到我們對臺籍日本兵的了解。臺灣作為日本的殖民地，原先並無服兵役的義務，所

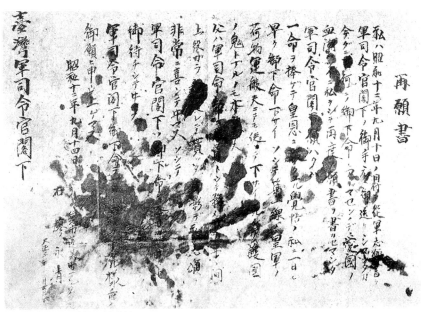

12.8 **血書之二**　來源：竹內清 1940

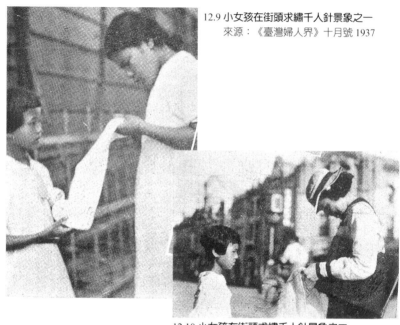

12.9 小女孩在街頭求繡千人針景象之一
來源：《臺灣婦人界》十月號 1937

12.10 小女孩在街頭求繡千人針景象之二
來源：《臺灣婦人界》十月號 1937

千人針：

千人針的風俗起源於日本，是為出征軍人祈福的一種方式，在印有樣式的白布上，由一千人每人一針，每針打個節，繡成圖案或文字。千人針通常製成腰帶，供束腹之用。千人針一般由出征軍人的女性家人站在街頭，請路人縫繡而成。原則上一人一針，但有例外，如肖虎者可繡上等於自己歲數的針數。千人針也有繡上一個五錢的銅板，表示跨越「死線」——日語「四錢」與「死線」發音相同。

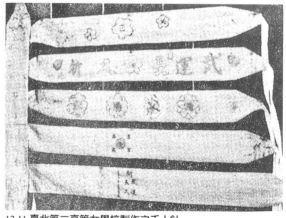

12.11 臺北第二高等女學校製作之千人針
來源：《臺灣婦人界》十月號 1937

12.12 北港郡北港女子青年團青年劇《千人針》　來源：《親民》第三卷第一號 1938

12.13「好孩子」──戰爭下的兒童　來源：《臺灣警察時報》第 317 號 1942

12.14 載滿海軍志願兵的卡車（攝於「海軍兵志願者訓練所」大門前）
　　　來源：山本地榮編 1944；南天書局提供

以在臺灣的出征送行場面，送的都是日本人。蘆溝橋
事變後，軍夫、「軍屬」相繼出征，他們也在被送行
的行列裡。一九三八年朝鮮實施「陸軍特別志願兵制
度」，是一種擴充兵源的權宜辦法，由當事人申請，
經過檢查、篩選等程序入營訓練，練成編入軍隊。
「志願」在日語兼有中文申請與志願兩意。朝鮮實施
志願兵制度後，臺灣各界人士都認為在臺灣實施只是
時間問題。果然，一九四一年臺灣總督與臺灣軍司令
發表共同聲明，宣布陸軍志願兵制度將於次年在臺灣
實施。當時社會上有許多慶祝、感激實施志願兵制度
的活動。在諸多因素的組合下，出現了臺灣青年申請
當志願兵的熱潮，甚且流行「血書志願」。這種現象
不是很容易了解，如果說臺灣青年全是被迫的，不能

12.15 捧著同伴之骨灰返鄉的高砂義勇隊
　　　來源：鄧相揚提供

12.16 吉野正明〈特志看護婦（臺
　　　灣）〉（日本統治末期「聖戰
　　　美術」作品之一例）
　　　來源：《臺灣聖戰美術》
　　　1941

12.17 牆上掛著參加高砂義勇隊的年
輕人遺像的原住民之家
來源：山本地榮編 1944；
南天書局提供

不說是相當粗糙的說法。

第一回陸軍志願兵的募集，有四十二萬餘名的申
請者，從中錄取一千餘人，分前後兩期，分別進入位於
臺北市郊六張犁的「陸軍兵志願者訓練所」，接受半年
的軍事訓練，結業後分發到軍隊服役。次年舉行第二
回募集，但同年又實施海軍志願兵制度。陸、海軍志
願兵可以說是募兵制。臺灣在一九四五年一月實施全
面徵兵制度，所有役齡男子，除非體檢不合格，都必
須當兵。但當年八月十五日日本戰敗投降，結束在臺
灣的統治與軍事動員。在這最後的八年，臺灣總共有
二十萬七千一百八十三人參與日本的戰爭，其中軍人八
萬四百三十三人，「軍屬」十二萬六千七百五十人。

全部死亡人數共三萬三百零四人。軍人以徵兵入伍為大宗，陸軍志願兵才五千餘名，海軍志願兵約一萬一千餘名。一九四四年，三百名第二期海軍志願兵搭乘「護國號」特設巡洋艦，赴日進修，途中為美軍潛水艇擊沈，二百一十二人葬身海底，僅八十八人生還。

在臺籍日本兵的經驗中，最特別的也許是「到南洋做兵」吧。南洋約等於今天的東南亞，但臺灣人所到之處遠遠超過東南亞地區。現在屬於巴布亞新幾內亞的拉寶爾，與西南太平洋的索羅門群島，都有臺籍日本兵的足跡。屬於中國，但風土近於南洋的海南島，有數以萬計的臺灣軍人軍屬。根據統計，在二十萬七千餘名的臺灣軍人軍屬中，有六萬一千五百九十一人被派遣到「南方」（廣義的南洋），其中軍人二千四百八十五人，餘為軍屬。因此，到南洋參與戰爭的以軍屬為大宗。軍人絕大多數未離開本島。

臺籍前日本軍人軍屬的研究方興未艾，但怎麼去看待他們這段歷史，是個嚴肅的問題。他們在前線出生入死，為日本打仗。在南洋的臺籍日本兵，際遇各異。有些人派遣的地區戰況不甚激烈，遣送返臺迅速且平安。有些人所在的戰場，受到盟軍猛烈攻擊，犧牲慘重，走過死蔭的幽谷，存活率近乎「千死一生」。有些人在戰爭時期，境遇尚佳，戰後反而遭殃，如海南島的臺灣軍人軍屬們。他們在等待返鄉的

12.18 一張由南洋寄回臺灣的明信片
明信片下方係受照顧之傷兵手繪的臺灣護士吃香蕉圖。
來源：張月華提供

12.19 **大東亞戰爭從軍記〔念〕章**　來源：簡傳枝提供

漫長過程中，備受磨難，餓死、病死者無數；幸而撐
到返鄉的人，也有不少喪生途中。臺籍日本兵有他們
各自不同的際遇，但那些能活著回來的人，卻被迫承
擔共同的命運——抱著一段尷尬的過去與滿腹難言的
苦楚，在新社會裡沈默地過活。歷史似乎在嘲弄他
們。試想：如果年輕的您為國出征，在戰場勇敢奮
戰，看著同袍一個個死去，然後戰爭突然結束了，您
也突然喪失國籍，變成另外一國的國民——而這個新
的國家竟然是戰爭時的敵國！您說歷史不是在開您玩
笑嗎？

　　所謂「歷史思惟」指一種能盡量擺脫時間積累而來的影響，嘗試回到「歷史的現場」（*locus in quo*）去了解過去的時空的思考方式。臺籍日本兵所涉及的諸般問題，需要我們運用高度的歷史思惟去了解。另外，我們也必須明白：近代式的民族主義（nationalism）是人類歷史的新興事物，最多只有四百年的歷史，它不是天經地義的，而是可以（也必須）透過學校教育與政治社會的宣傳，來加以塑造和培養的。想了解戰爭期間臺灣年輕一代人的集體心靈，非得了解他們所受的教育不行。但這又是另一個極大的課題，等待我們去探索。

　　一九四五年八月十五日，戰爭是結束了。臺灣人知道日本「降伏」（投降）了，但新的名詞「光復」還沒被鑄造（或輸入）。他們到底覺得自己是輸了，還是贏了呢？很可能兩者都不是。這個曖昧的情境與日後臺灣本地人在認同上的曖昧或許有關。「光復」究實而言，是道地的漢人觀點。就傳統漢人民族主義來說，漢人回歸漢人政權的統治，「光復」當然講得過去。但對土著民族而言，「光復」真有意義嗎？無論漢人或土著民族，最後八年的戰爭倒是他們所共同經驗的。而戰爭終於結束了，一個絕大多數人作夢也想像不到的新局面，等著他們去經驗。

戰後篇：後殖民的泥沼

小引

「臺灣光復了」。這是一九四五年八月十五日日本天皇「玉音放送」之後不久，關於新局面、新情勢，臺灣普遍流行的認知。「光復」是個老用語，指恢復固有的東西，尤指恢復失去的國土，凡是稍具漢文根底的臺灣人一望即知，是指臺灣回歸祖國。然而，接受日本教育的年輕一代臺灣人，大多數不懂漢文，也沒有「光復」的概念，他們遂以為叫得滿天嘎響的「光復」就是「降伏」（降服）。「光復」的日文漢字讀為 kōfuku；「降伏」同樣讀為 kōfuku，指日本的投降。的確，日本降伏了。在這裡，我們看到日本殖民統治所造就的「世代差異」。缺乏「光復」概念的年輕世代，熱烈迎接著一個他們所無法理解的新時代的來臨。

倏忽之間，二○一五年八月十五日，日本戰敗、臺灣由中華民國代為接收，轉而持續統治，就滿七十年了。這到底是值得慶賀還是不值得？社會是由很多人組成的，他們的年齡、階層、性別、教育程度、族群出身各自不同，有些時候，國家節慶的確稱得上「普天同慶」，有些時候，由於時代變化劇烈，不同年齡層的人有截然不同的生活經驗，因此反應非常不一樣，甚至南轅北轍。那些七十餘年前熱烈迎接「光

0.1 一九四四年美軍轟
　炸機在高雄港上空
　拍攝的轟炸畫面
　來源：Joseph W.
　Ballantine 1945；
　南天書局提供

0.2 一九四四年十二月四日美國《生活》雜
　誌封面
　圖中B-29轟炸機俯瞰所及是高雄港一
　帶。封面標題：「在福爾摩沙上空的
　B-29轟炸機」。
　來源：前美國駐臺北副領事George H.
　Kerr（葛超智）生前所藏；臺北二二八紀
　念館提供

0.3 美軍從臺灣上空投下的宣傳單
　來源：前美國駐臺北副領事 George H.
　Kerr（葛超智）生前所藏；臺北二二八
　紀念館提供

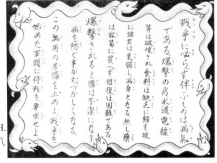

復」的臺灣年輕人，現在正是急劇凋零的老人世代；
再過幾年，人間大概就看不到他們的身影。他們的閱
歷終將隨著時間之流而遠逝，但是，人類社會複雜的
地方是，世代與世代是(或曾經是)並存於同一個時空
中，它們相互起作用，錯綜而糾葛。我們知道，「歷
史」不只是事件的前後排列，也是它們在時空中起的
因果作用。

　　今天的臺灣，翻雲覆雨，許多現象外人(甚至內
部的人)很難理解。如果對於戰後七十年的歷史，我
們只能舉其大絡，那麼，我們將選擇哪些脈絡來談
呢？我想，二二八事件非談不可，而且得花較多的篇
幅；其次是白色恐怖、黨國教育、民主運動，而最後
我將以兩種歷史記憶的角力來總結這段歷史。「後殖
民」以及「後威權統治」的後遺症，也是我們必須加
以省思的。在篇幅有限之下，我選擇了這幾個重點，
我希望，這樣的敘述能幫助讀者理解這一段特殊的歷
史。

二二八事件

一、戰爭期世代

　　如果人類社會有所謂的集體記憶（或美好，或可怕），那麼二二八事件可以說是本地臺灣人集體的夢魘。夢魘中的人想叫而叫不出聲來，想擺脫壓在心頭的重物而擺脫不了。當他們醒了過來，往往餘悸猶在；更何況這個夢魘維持半世紀以上！今天它仍像是揮之不去的陰影，繼續纏繞著我們。要徹底驅逐這個夢魘的魅影，我們首先得正視它、分析它，讓它成為客體化的共同認知。

　　我們在「小引」中說，臺灣的年輕世代熱烈迎接「光復」。誰也沒想到，等待他們的卻是集體的挫敗，以及長達四十年強制沈默的歲月。要了解一九四五年以來的臺灣歷史過程，不能不對這個世代有所了解。他們是日本在臺殖民統治透過教育以及戰爭動員所造就的一個世代，筆者稱之為「戰爭期世代」。這個世代指在日本戰敗時年齡大約介於十五歲至二十五歲的臺灣人。他們成長於日本殖民統治趨於穩定和成熟，殖民地教育成效彰著的年代，因此，殖民者的統治理念在他們身上留下很深的印烙。他們的教育教導他們熱愛國家——日本這個國家，他們的歷史認知的對象是日本歷史，而且是天皇史觀的歷史。這同時，教育教給他們豐富的實學知識（一般生活日

用以及科學知識），以及強烈的鄉土觀念和鄉土愛。他們的道德教育可說具有相當的品質，可惜摻雜著濃厚的軍國思想。在他們的教育裡，臺灣是沒有過去的鄉土，是祛除歷史的空間的存在；他們對中國歷史文化的認知幾乎等於零。

在這同時，皇民化運動和戰爭動員，攜手並進，如火如荼地推行著。世界上哪有比戰爭更能加強內聚力呢？在以天皇為名義的號召下，臺灣的熱血青年，無論男女，寫血書，應募到海外作戰。他們是新的講日語的世代，和父祖輩有著不同的人生視野和歷史認知。他們的父祖輩對日本占領臺灣的血腥過程多少有所記憶，或有所聽聞，而且由於年紀與閱歷的關係，多半對殖民地社會的不平等與差別待遇有切身的體認，不像年輕人活在「日臺融合」、「日臺一體」等口號及其相應政策（法律上的平等）之下，不易看清事實。

然而，歷史未給予日本殖民統治者充分的時間。臺灣人不是大和民族，不是日本人，這個事實無法很快消失或抹消。漢人系的臺灣人大抵知道自己的祖先來自對岸。一位臺籍日本兵在接受美國記者訪問時，被問及是否自認為日本人時，答稱：「不是。我的父親從小就告訴我，我們是唐山來的，不是日本人。」但當談到為日本打仗時，他又語氣堅定地說：「我們

那個時候是日本人，當然要效忠國家。」這兩段看似矛盾的話其實並不衝突。前者講的是民族的分際，後者指國家認同。換句話說，臺灣人以日本為國家認同的對象，日本是「御國」（mikuni），在這個意義下，臺灣人是日本人，但就民族義而言，臺灣人不是日本人。在這裡，我們看到接受日本教育的臺灣人多數還是清楚知道自己不是日本人，是漢民族的後裔——這裡存在著「日臺一體」等口號所急於彌補的民族間的罅縫。如果日本統治夠久的話，這個罅縫或許能被抹平，但一九四五年八月十五日日本投降了，這個罅縫於是起了作為罅縫的作用——由於是不同材質的物品的連接處，容易斷裂。

二、迎接黎明

光復了，臺灣人「歡喜現於顏色」，他們開始積極學習新的國語（以北京話為基礎的中國標準語）以及祖國事物。但是，五十年的阻隔，中國本身的巨變，在在造成他們對祖國欠缺了解。更嚴重的是，從一九三七年到一九四五年，在臺灣是皇民化運動的八年，也是戰爭動員的八年；在中國則是抗戰的八年。日本從一九三〇年代初開始侵略中國，加上八年抗戰，把中國人打出極深的仇日情緒——這樣的情緒至今仍是很容易被激發的。從鳥瞰的角度來看，臺灣人

在戰爭期間和中國人站在對反的立場，是站在日本人這邊。他們對祖國人士的仇日情緒當然無法了解，反過來說，中國人對日本殖民統治給臺灣人帶來的影響（正面的和負面的），也是毫無所知。

根據盟軍的協定，臺灣由中華民國政府代為接收。一九四五年八月二十九日蔣介石（蔣中正）任命福建省主席陳儀擔任臺灣省行政長官，九月一日兼任臺灣省警備總部總司令。十月十七日來臺接管的第七十軍先頭部隊七十五師抵達基隆。聽說祖國的軍隊要登陸臺灣，臺灣人非常興奮，臺北人不用說，遠從臺中、臺南、高雄等地趕來基隆港來迎接國軍的也不少，港口擠得人山人海。

國軍的裝扮和臺灣人所熟悉的日本軍隊截然不同：國軍隊伍不齊整，看來很寒酸，每個人背上都背著一把雨傘，有些還挑著鍋子、食器、寢具等；他們的綁腿在腳踝部分臃腫不堪。面對如此陌生的裝扮，年輕人未免感到失望；或許出於愛護和自我作解的心理，老人家說：國軍平常把鉛板紮在腳踝，練習行走，一旦解下，則能疾走如飛；他們背上的雨傘是用來降落用的……。唯有作如此理解，才能說明何以這樣的國軍能打敗裝備精良、軍容嚴整的日本軍隊。同樣感到奇怪，但卻極願作善意解釋的吳濁流也說，他「有了個錯覺，那寒酸的樣子，正是民族精神的實體

啊。」國軍登陸的景況,以及「附加」的詮解一時傳
遍全島,許多當時不在場的臺灣人日後回想起來,也
都彷彿他們親眼目睹了這歷史的一幕。

十月二十四日陳儀抵達臺北,歡迎的人潮湧往

1.1 臺灣學生列隊歡迎國軍來臺　來源:臺北二二八紀念館提供

1.2 花蓮醫生張七郎所寫歡迎字樣以及四幅歡迎門聯
圖中第二幅下聯云:「五十一年婢僕垂死重生」,這個時候的張七郎(1888-1947)無法預知一年半後他將和長子宗仁、三子果仁一起慘遭國軍殺害(1947年4月4日)。
來源:臺北二二八紀念館提供

松山機場，擠不上公車的徒步趕路。如果說歡迎國軍是「簞食壺漿」，歡迎陳儀則稱得上「萬人空巷」。翌日，臺灣省行政長官公署正式成立，取代臺灣總督府，成為臺灣最高權力機構。同日舉行「中國戰區臺灣省受降典禮」，正式結束日本的殖民統治，開始了國民政府的統治。十月二十五日於是成為「臺灣光復節」，如同日本殖民統治時期的「始政紀念日」（6月 17 日），是極為重要的節日，標示著新的統治的開始。

關於國軍的神話式理解，只能維持一小段時間。臺灣人對重回「祖國懷抱」原先抱持的熱情和想像，不久即因具體的接觸而開始消退、幻滅。官府貪污腐敗，軍隊缺乏紀律、騷擾民間、予取予求，經濟破敗，幣制不合理，物價騰貴等因素，造成臺灣人極度不滿。這個時候，因戰爭動員而派遣到海外的臺灣人陸續在第二年歸來。在東南亞的數萬臺灣人，由盟軍接收，一般待遇還好，唯獨在海南島由中國軍隊接收的臺灣人遭遇最慘，中國軍隊的貪污和漠視導致飢餓與疾病。在遣返無望中，他們只好自力救濟設法返鄉，但在這個過程中許多人喪生，造成海南島返臺軍人軍屬對政府憤懣不滿。

日本投降時，居住於臺灣的日本人和他們的子女，約有三十一萬人。十二月二十五日新統治當局開

1.3「中國戰區臺灣省受降典禮」

圖為一九四五年十月二十五日臺灣省行政長官陳儀代表盟軍中國戰區最高統帥,在公會堂(今中山堂)接受日本軍第十方面軍參謀長諫山春樹呈遞「受領証」。
來源:臺北二二八紀念館提供

1.4 受降典禮舉行時聚集在公會堂外的群眾
　　來源:中央社提供

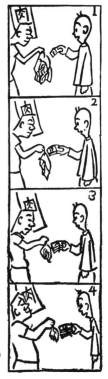

1.5 一九四六年五月刊登於《新新》雜誌的漫畫
　　畫題「錢追不及物」,作者葉大仙(即葉宏甲)
　　來源:《新新》第四、五號　1946年5月

始遣返日本人，他們所有的家財均遭接收，只能攜帶簡單的隨身行李，以及一千日元。他們當中有不少所謂的「灣生」——在臺灣出生的日本人。日本人離開臺灣時，認命而苦楚的樣子，在在留在許多臺灣人的記憶中。殖民地的架構誠然令人不快，但是內臺師生情誼，以及因生於斯、長於斯的鄉土感情，終將穿越政治，穿越種種阻難，數紀後藕斷絲連、不絕如縷。他們靠著「同窗會」之類的組織，重續前緣。近年來，灣生回來尋找故居和親朋好友，也像這段情緣的最後返照。

　　我們前面提到漢人系臺灣人知道他們是唐山來的。臺灣成為日本的殖民地，情況和韓國不同，韓國是整個國家淪為殖民地，因此無論貴庶都沒有退路。但是臺灣是由它自身的文化與政治母體切割出來給日本，是分離出來的，因此，對岸「唐山」的存在一直是個因素，只是隨著時間的推移而逐漸減低其作用。在日本統治下，有一些臺灣人由於各種原因（如不滿殖民統治）而移住中國大陸。臺灣由中華民國接收之後，他們陸續返臺。本地臺灣人稱他們為「半山」——半個唐山人，也就是半個大陸人。「半山」在後來的用法裡，有些特定的意思，大抵是政治義的；指那些居留於中國大陸，和國民黨有密切關係而於戰後返回故里的臺灣人。他們在一九四五年前後扮演非常

1.6 即將被遣返回日本本土的在臺日本人　來源：臺北二二八紀念館提供

1.7 日本軍人遣返前接受檢查　來源：臺北二二八紀念館提供

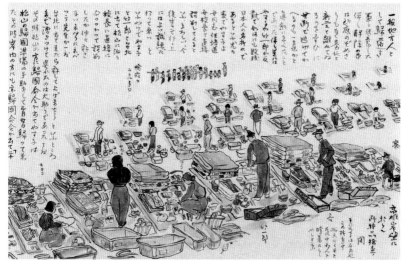

1.8 塩澤亮〈在高雄碼頭接受行李檢查之圖〉　二戰末期美軍激烈轟炸臺灣，日籍美術老師塩澤亮疏散臺北師範學校的女學生至臺中雙冬。日本戰敗後，他們前往高雄以便搭船返回日本。被允許登船前，所有人的行李都被打開攤放在碼頭接受國民黨政府官員的檢查。　來源：塩澤亮繪著，張良澤譯 2006；張良澤提供

特別而微妙的角色。

　　臺灣之割讓給日本，明載於條約，而中國自一八九四年甲午戰爭以來，歷經清末庚子之亂、辛亥革命、軍閥專政、國共內戰等巨變，政治社會動盪不安，無暇顧及臺灣。然而，少數旅居大陸的臺灣人還是心存藉由祖國解救臺灣之想。一九四二年，重慶當局把四月五日定為「臺灣日」，在臺灣人政治社群和國民黨當局的宣傳之下，一時間「收復臺灣」、「光復臺灣」的聲浪高張。一九四三年，中、美、英三國領袖在開羅會晤，發布公報，確定了臺灣戰後歸還中

國的原則。由於收復臺灣有望,國民政府於是組成「臺灣調查委員會」,為接收臺灣做準備工作。不少臺灣人參與臺灣調查委員會;他們出身臺灣,又在國民黨領導下的中國生活工作,因此了解兩邊的情況。在積極準備接收臺灣之際,頗有一些臺灣人對當局提出建言。他們的建言,事後看來,類似預言,給人「不幸而言中」之感。

《臺灣民聲報》是一九四五年四月十六日於重慶創刊的半月刊。一位署名梟紹的作者在該刊上,針對臺灣的復員(戰後重建)提出十點要求:一、臺灣總督伯權(霸權)及類似的伯權退出臺灣社會;二、臺灣地方自治制度改善延續;三、祖國當局派遣足以示範的公僕來臺服務;四、祖國當局儘先確立以當前臺灣物價指數為標準的新幣制;五、復原當局對於語言文字採用漸替政策;六、復原當局儘量阻止由于政局變換的失業;七、復原當局防止臺灣人民土地所有權的不合理變動;八、復原當局防止臺灣人民流動資本及固定資本的急劇變動;九、復原當局畀(給予)臺灣人民以言論思想及結社的自由;十、復原當局制止額外的紛亂情形及不正當的事物搬進臺灣。

另一位署名孝紹的作者警告說:「五十年來臺灣人熱望歸宗祖國,……惟臺灣人卻不愛祖國的落後,祖國的畸形的社會生活。」他呼籲「祖國上下以

『留東五十年老留學生』看待臺灣人民。這觀感非常重要，倘如以日本殖民或日本奴隸（一般臺灣人都具有反抗精神的）看法對付臺灣人，那麼中國之收復臺灣，就無異中國之殖民臺灣了。」

這兩位作者是因為太了解中國才提出這樣的建言和呼籲，還是無意中流露出潛藏的擔憂與焦慮？或許兩者兼具，我們不清楚。可以確定的是，歷史見證了祖國接收臺灣的作法和政策，恰恰就是他們建言的對反！而其後果就是二二八事件。

三、本事

國府接收臺灣之後，臺灣設省，但並未採取一般的行政制度，而是設立行政長官公署來治理。臺灣省行政長官公署，類似臺灣總督府而有過之無不及，政軍權力一把抓；這也就是《臺灣民聲報》所說的「伯權」。日本統治下的地方自治和選舉不止未得延續，遑論以此為基礎予以改善了。來臺的官員，當然有守正不阿的人員，但操守不佳的居大多數，他們貪污腐化的情況，在中國大陸或許司空見慣，但在習於大抵清明之治的臺灣人看來，則是匪夷所思。這些貪污腐化不限於個人，往往涉及龐大的官商勾結，目標在淘空臺灣的物資，運送到大陸暴發橫財。「接收」於是變為「劫收」。

在精神層面，最令臺灣人，尤其是知識分子，無法接受的是，新的統治集團左一句「奴化教育」，右一句「奴化教育」，把臺灣人看成中了日本教育之毒且具有奴隸性格的群體，無視於他們的能力與訓練，把他們排斥在新社會的建設行列之外。陳儀政府的語言文化政策是激烈而毫不通融的，戰後一年即廢除報紙的日文欄；比起日本統治臺灣四十二年後才廢除報紙的漢文欄，不能不說有夠「剛性」（陳儀自己的話語）。在這裡，我們必須說，廢除殖民者的語言是理所當然的，而且臺灣人也是從一開始就有此認識。戰後之初，「國語」補習班之類的設施如雨後春筍冒了出來，臺灣人爭相學習國語。例如，在日本殖民統治時期成名的小說家呂赫若，也急著改用中文來寫小說──他當然不會預知他將死於白色恐怖。因此，要臺灣人學習新的國語，不是問題，問題在於國語被政治化了，被拿來當成排斥臺灣人的武器。就如同「奴化」這個口號一樣，它不分青紅皂白把對方集體矮化，變成剝奪臺灣人之權益的藉口。

陳儀在經濟上實施徹底的統制政策，由專賣局和貿易局來執行，一對內，一對外。臺灣當局規定煙草、酒、樟腦、火柴、度量衡五種為專賣品，但鹽、糖、石灰等也在半專賣的統制之下，由專賣局掌管。貿易局負責對外的經濟統制，所有物品必得透過貿易

局才能運銷國內，不惟阻礙臺灣和國內物資的流通，也造成官員上下其手、賄賂公行的惡狀。此外，長官公署自光復之初即採維持臺幣政策，禁止在臺灣使用法幣，規定臺幣和法幣的兌換率。由於統制經濟，加上物資因貪贓枉法而大量外流，臺灣通貨膨脹、物價飛漲，比上海還高，在產米且年二、三收的本島，一擔米可賣到上海價格的兩倍以上。一九四七年一月米價暴漲，一日上升數回。這兩隻鉗制臺灣經濟的鐵手之一的專賣局終將引燃二二八事件，雖起於偶發事件，然整個事件終究不能以偶發事件視之。

事變之前數日，上海《觀察》週刊的一位特約記者曾就臺灣的現況寫了一篇翔實的報導，他在結尾寫

1.9 群眾聚集專賣局臺北分局前面
　　抗議
　　來源：臺北二二八紀念館提供

1.10 **二二八事件發生當日臺北車站的景象**（左上角為舊臺北車站，今已拆除改建）來源：
　　前美國駐臺北副領事 George H. Kerr（葛超智）生前所藏；臺北二二八紀念館提供

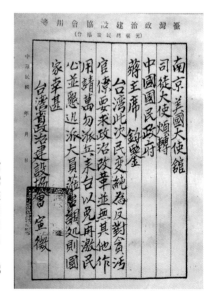

1.11 **臺灣省政治建設協會請南京美國大使館
　　司徒大使轉呈中國國民政府蔣介石主席
　　的信**　該信旨在請蔣介石「萬勿派兵來
　　臺」，日期代字「寅微」為三月五日。臺
　　灣省政治建設協會最初的名稱為「臺灣
　　民眾同盟」，是蔣渭川結合日本殖民
　　統治時期反抗運動者組成的。
　　來源：蔣渭川家屬收藏；臺北二二八紀
　　念館提供

道：「最後，據我在臺灣的觀察，我直覺地感到，今日臺灣危機四伏，岌岌可危，是隨時可能發生騷動或暴動的。」這篇「臺灣通信」刊登在三月八日那一期的《觀察》，刊出之時，他直覺感覺到的「隨時可能發生」的騷動或暴動已經發生了。

一九四七年二月二十七日傍晚七點左右，專賣局臺北分局查緝員傅學通等六人和臺北警察隊警官四人到太平町（今延平北路）查緝私煙，沒收煙販林江邁（寡婦，40 歲）的私煙和錢款，林江邁哭求發還扣押物，爭執拉扯中，其中一人用槍柄將林江邁的頭部打傷流血，引起圍觀民眾的不滿而予以反擊，毀損公賣局卡車等。在混亂中查緝員傅學通為擺脫民眾，開槍示警，誤傷路人陳文溪（次日死亡）。查緝員躲入警察局，群眾包圍警察局，要求交出殺人犯，然毫無結果，群憤於是無法消解。

翌日上午九時，民眾沿街打鑼，通告罷市，聚眾遊行，先是搗毀太平町二丁目派出所，十二時群眾湧向專賣局臺北分局要求懲兇未果，於是轉往行政長官公署（原臺北市役所，現行政院院址），擬向陳儀陳情。下午一時許，遊行隊伍約四、五百人，敲鑼打鼓，沿街喊口號，聲勢浩大。此時公署廣場前已調派兵士駐守，突然槍聲響起，兵士向民眾開槍掃射，造成不少傷亡。這是事件演變至一發不可收拾的關鍵所

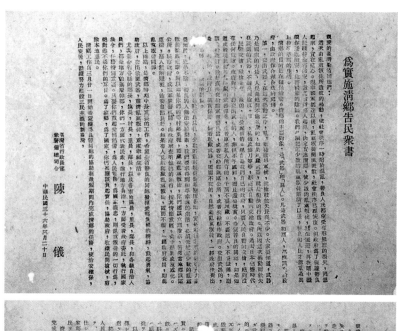

1.12 〈為實施清鄉告民眾書〉的中文版和日文版

這是一九四七年三月二十日臺灣省行政長官兼警備總司令陳儀發布的清鄉通告，由於
當時臺灣受教育者大抵看不懂中文，因此中日文雙面印刷。
來源：三田裕次藏；臺北二二八紀念館提供

在。

　　下午二時許，民眾聚集在臺北公園（俗稱新公園；今二二八和平紀念公園），進占臺灣廣播電臺（今臺北二二八紀念館），向全省廣播，呼籲臺灣人奮起抗暴。於是，臺北市暴動的消息一瞬之間傳遍全島各地，各縣市一致暴動起來，成為蔓延全島的政治抗爭。

　　限於篇幅，我們無法在這裡一一敘述二二八之後各地政治抗爭的情況，基本上，二二八事件可以分為兩個階段，前一階段只有八天半，也就是二月二十八日至三月八日中午為止，由於「全臺蜂起」（包括原住民部落），駐臺軍憲警力量無法有效鎮壓，此時人民和軍警交鋒各有死傷，而旅居臺灣的外省人士往往成為街頭報復的對象。然而，三月八日上午中央派來的軍隊分別在基隆和高雄登陸，中午上岸後即開始肅清街頭、密集射擊，展開全島的血腥鎮壓，從此情勢大逆轉，臺灣人死傷無可勝計。我們一般所熟知的二二八大屠殺就是發生在此之後。

　　二二八事件是沒有組織、沒有計畫的偶發事件。然而事變之後，三月二日臺北市成立「二二八事件處理委員會」，各縣隨即紛紛成立分會，以解決事端。二二八事件處理委員會可以說是事變之初群眾的統籌中心，也是和陳儀交涉談判的組織。然而，陳儀早在

1.13 出身嘉義的畫家陳澄波學生時代照片

陳澄波（1895-1947）畢業於日本東京美術學校（1924-1927），其後進入研究科就讀（1927-1929）。他曾在一九二六年以油畫〈嘉義街外〉入選日本第七屆帝國美術展覽，這張照片是入選後在東京美術學校畫室接受記者訪問時拍攝；其後他曾多次入選帝展以及其他展覽。二二八事件發生後，因出面處理局勢，遭逮捕，三月二十五日被槍斃於嘉義火車站前。他的夫人強自鎮靜，為他的遺體拍了照片。死後的陳澄波依然睜著大眼睛，面貌和這張學生照幾乎一模一樣，彷彿一翻身就可以拿起畫筆作畫。然而，實際上他的身上沾滿血跡，雙手已經冰冷僵硬，穿過胸腔的子彈剝奪了他的生命，再也無法起身了。臺北二二八紀念館的訪客可以在該館展示的照片中看到這兩張一死一生面容宛然的照片。　來源：財團法人陳澄波文化基金會提供

三月二日密電蔣介石派軍隊來鎮壓，卻一面虛應處理委員會，以拖延時間。處理委員會所提出的要求日後成為叛亂的罪證（陳儀政府指其「演變為一非法團體，從事叛亂行動」），全臺積極參與處理委員會的人士成為清算捕殺的大目標，犧牲甚巨。

　　三月九日，陳儀宣布臺北、基隆戒嚴。國軍進入臺北，沿途掃射，整日槍聲不斷，民眾接連被捕殺。十日陳儀下令解散「二二八處理委員會」以及一切「非法團體」。同日，蔣介石發表臺灣事件談話，指共產黨煽動為二二八事件的原因之一。十一日，頒布綏靖計畫，全面管制交通、電訊。十八日，國府軍隊分路掃蕩後，於臺東會師，掌控全臺。二十一日，配

1.14 醫生盧鈵欽給妻子的遺書

盧鈵欽（1912-1947）和陳澄波一樣，因為出面處理二二八事件而被捕，他和陳澄波等四人在嘉義火車站遭處決。他一生大部分的歲月在日本和廣東度過。

來源：臺北二二八紀念館提供

合綏靖計畫，實施清鄉。四月二十二日，行政院會議撤銷臺灣省行政長官公署，改組為省政府，以魏道明為省政府主席。五月十一日陳儀離臺；十五日魏道明抵臺，翌日，臺灣省政府成立，發表重要措施：一、解除戒嚴令。二、完成清鄉工作。三、停止新聞、圖

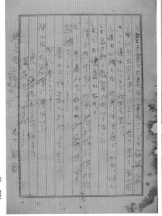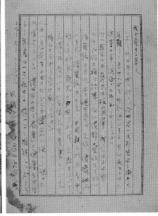

這是盧鈵欽於獄中給妻子林秀媚的最後一封信（節錄）：

我が愛する妻よ
　いよいよ明日あの世へ行く。今世君に大部苦労を掛けた。有難う！来世に必ず御礼返します。只心配なのは子供等の事、滄海にも御知らせして下さい。……
人は一度死するものだ。どうか健気に強く子供のため生きて下さい。僕はあの世で君達の健康を見守る！……只残念なのは君に充分愛を尽くす事の出来ない事を！でも宿縁とあらば仕方はあるまい。いとしい君の姿を脳に抱きて、僕はにっこり此世を立つ。……
　僕が逃げないのは君が故、子供が故だ！馬鹿も知れんが、愛は一切を超越する！——　……
神になった気持で僕はいふ
　　良い妻をもらって何より
　　　満足だ。サラバーー
決して泣くなよ！
　　　　それから
　　　　　　　　　　　君の鈵欽

我親愛的妻子啊
　明天終於要到彼世了。今世讓你這般辛苦，很感謝！來世一定回報。只是擔心孩子們的事情，也請告知滄海。……
人就是會死的東西。無論如何請堅強地為小孩活下去。我將在彼世保佑你們的健康！……只是最遺憾的是，無法對你竭盡充分的愛！但是如果是宿緣，實在沒辦法。腦海裡懷抱著你可愛的身影，我微笑地離開此世。……
　我之所以不逃亡，是為了你的緣故，是為了小孩的緣故！說不定這是愚蠢的，但愛超越一切！——　……
懷著此身已然逝去的心情，我說：
　　有你這樣好的妻子比什麼
　　　都滿足。再會了——
千萬不要哭喔！
　　　從今以後
　　　　　　　　　　你的鈵欽

書、郵政檢查。四、各項交通管制一律廢除。至此，二二八事件方告一段落。

以上像流水帳一樣的敘述是無法傳達「綏靖」和清鄉的恐怖，以及臺灣人的驚懼。國軍的鎮壓是報復性的，不經審判程序，濫捕濫殺。例如，在「綏靖」的高峰期，每天都有卡車將被處決者運往基隆要塞司令部，他們把綑綁的死者往海裡一丟，以為可以一了了之，浮屍卻因漲潮而沖回海岸，彷彿要向鄉人訴說那無以言說的恐怖。至今我們仍不知道在血腥鎮壓期間臺灣人的死亡人數，那幾乎是無法計算的；數目從數千到十萬餘人都有，一九九二年行政院《二二八事件研究報告》的估算是一萬八千人至二萬八千人。如果人們印象中的死亡人數過於誇張，那也是很可以理解的。原因在於在二二八中喪生的臺灣人主要是中壯年的社會菁英，以及年輕人（含學生）——風聞國軍上岸，不少父執輩要年輕人趕緊逃命，多數人藏匿山區。臺灣社會菁英在日本殖民統治下得來不易，卻不成比例地犧牲了。今天，不管研究臺灣史的哪個面相，我們都會發現優秀人才突然為二二八所吞噬——小說家、美術家、教育家（教授、教師）、實業家、新聞工作者、民意代表、醫生、法界人士（法官、檢察官、律師）、地方士紳、原住民菁英……等等。至於年輕人的喪生原本就是令人加倍

惋惜的，為的是他們那可能的無可限量的人生。換言之，臺灣人在短促的二二八事件中喪失無數的菁英分子，以及年輕的子姪；這是二二八事件對臺灣社會衝擊巨大的原因之一。那些幸而殘存的菁英，若非嚇破膽，就是從此灰心喪志、噤若寒蟬。臺灣社會可以說被「demoralized」，不止氣沮，而且是「去道德的」（de-moralized）。一個社會突然間喪失高比例的社會名流和文化菁英，不會有後遺症嗎？這是值得我們深思的。

歷史將證明二二八事件是統治者的負債。但在當時，統治者並沒此認識，陳儀「死鴨仔硬嘴頰」（死

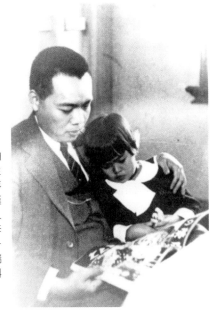

1.15 臺中律師林連宗和女兒林信貞的家居照片

林連宗（1905-1947）曾在一九四六年，以制憲國民代表身分赴首都南京參加中華民國制憲會議。二二八事件發生之後，林連宗北上參與「二二八事件處理委員會」，住在好友李瑞漢（1906-1947）家中。三月十日，軍憲人員來李瑞漢家，說陳儀請他和弟弟李瑞峰（1911-1947）去開會，林連宗也一起被帶走，三人從此下落不明。李瑞漢兄弟和林連宗是日本中央大學法科同學，都是律師。

來源：臺北二二八紀念館提供

不認錯）。三月二十四日，陳儀給中央的電文中說：
「此事〔二二八事件〕……其遠因，實由臺人受日本
奴化太深，思想中毒，平時御用紳士未受懲治，報紙
惡性詆毀未予嚴格取締。弟〔陳儀自稱〕失之甚寬，
致啟狡謀。……」可惜我們無法質問陳儀：當時大陸
輿論嚴厲批評臺端的並非臺灣人，難道臺端也認為他
們「受日本奴化太深、思想中毒」嗎？陳儀在電文中
又作出不少欠缺根據的對臺灣人的指控，並且否認
二二八事件係出於民眾對行政長官公署的集體不滿，
他說：「總之，此次事變，完全由於少數『亂徒』希
圖謀叛，決不是民眾要求改良政治與改變專賣貿易
等經濟制度的運動。……」這正是「此地無銀三百
兩」，二二八事件不是少數人希圖謀叛而引發的，恰
恰就是民眾要求改良政治和改變專賣貿易等經濟制
度。陳儀離開臺灣之後，改任國民政府顧問，翌年擔
任浙江省主席，一九四九年二月因「通共」事發而遭
軟禁於浙江衢州，該年四月被押解來臺，一九五〇年
六月十八日遭槍決死亡，但那和二二八事件又是風馬
牛不相及了！

　　如果陳儀身在其中，還無法對此一事件做出省
思，那麼讓我們看看柯遠芬的態度。二二八事件發生
時，柯遠芬擔任臺灣省警備總司令部參謀長，四十餘
年後，他在一九八九年堅持如下的看法：「……有部

分同胞，於臺灣光復後心理上不平衡，尤其日人統治期間御用的紳士、皇民奉公會人員，及私自接受日人財產的劣紳、惡霸，以靠山已倒，心懷舊主，復污衊仇視新來的祖國官員。最可惜的是為日人所利用的臺籍日軍及浪人，因為過去曾協助日軍欺侮祖國同胞，日久竟成為習慣，今一旦失勢，遣返臺灣，又一時無法獲得工作，且也不願工作，致無來由的怨恨祖國和由大陸來臺的官員和人民。這些人就都是製造事變的野心分子與暴徒。」事過境遷四十餘年，柯遠芬仍如是主張，不禁讓人感嘆人群相互了解的困難，以及加害者至死都無需自省。今天，雖然二二八和平紀念公園樹立著紀念碑，臺灣社會對於如何理解省思二二八事件，似乎還沒有達到真正的共識。

第二章

「白色恐怖」時代

　　「白色恐怖」對當代臺灣許多人來說，耳熟能
詳，但是人們不見得知道何以恐怖是「白色」？就如
同今天在臺灣，顏色何辜卻被嚴重政治化，藍、綠各
有所指，在二十世紀世界史上，「白色」相對於「紅
色」，紅色代表共產主義，白色則指稱與共產黨對峙
的力量，通常指法西斯主義。由於這兩個陣營的信仰
者在進行奪權鬥爭時往往訴諸恐怖手段，因此而有
「白色恐怖」和「紅色恐怖」的對稱。國民黨的白色
恐怖是要對付共產黨的，不始於臺灣，但其羅網之嚴
密、手法之慘酷，則似乎只有在臺灣這個小島方才成
為可能。何以是臺灣？那是因為這個方才被接收不久
的小島，不由自主地捲入了在廣袤的中國土地上進行
得如火如荼的國共鬥爭。

　　一九四九年一月五日中央政府派任陳誠為臺灣省
省主席。當時陳誠在國民黨政府中，是極為重要的人
物，由他來主政邊陲小島，預示著臺灣將在未來的中
國政局中扮演重要的角色。一月三十一日中共人民解
放軍正式進入北平；四月二十一日共軍渡過長江。四
月二十四日大量飛機從上海飛來臺灣，載來許多逃難
的政府官員及其家屬。五月十九日，或許預見臺灣將
成為國民黨最後撤守的一個地方，陳誠在臺灣頒布戒
嚴令。實施戒嚴，意味著軍事統治。臺灣的戒嚴令要
到一九八七年方才解除，前後三十八年，時間之長是

2.1 **撤退中的國民黨政府軍隊** 一九四八年國軍不斷地自中國大陸撤退至臺灣，照片中的國軍坦克正要被裝載至船上運到臺灣。 來源：Darrell Berrigan 1949；南天書局提供

2.2 **一九四九年海峽兩岸圖**
從國民黨政府撤退到臺灣，一直至1987年臺灣解嚴，海峽兩岸一直處於緊張敵對的關係。國民黨政府據守金門、馬祖，分別與臺灣本島相距188公里和164公里。 來源：*Frankfurt Illustration* September 27, 1949；南天書局提供

2.3 鄒族領袖高一生與子女合照

白色恐怖的對象不限於漢人，原住民菁英也在整肅之列。高一生（Uyongu Yatauyungana，1908-1954；日文名字矢多一生）是鄒族領袖，任吳鳳鄉鄉長，他在一九五二年和湯守仁（1923-1954）等人被捕；同時，泰雅族領袖、當時任省議員的林瑞昌（Losing Watan，1899-1954；日文名字日野三郎）也被捕。一九五四年四月十七日，高一生、湯守仁、方義仲、汪清山（以上鄒族）、林瑞昌、高澤照（以上泰雅族）六人，以叛亂罪之名同時受處極刑。高一生和林瑞昌皆主張原住民自治，結果一起涉入「高山族匪諜案」。在白色恐怖初期，臺灣南北兩大原住民領袖林瑞昌和高一生同時遭難，這件事對原住民的衝擊至今仍非吾人所能知。　　　來源：高英傑提供

二十世紀世界第一。

　　在此，我們還得追溯一項先前通過的法律，一九四八年五月十日，國民政府（在南京）公布施行「動員戡亂時期臨時條款」，凍結憲法部分條文，建立了「動員戡亂體制」。一九四九年五月二十四日立法院通過「懲治叛亂條例」，次年通過修正案，內容

2.4 林瑞昌陪同蔣介石視察

照片左方身著黑色西裝者為泰雅族的領袖林瑞昌(Losing Watan〔樂信・瓦旦〕)。他當時正陪同蔣介石(照片中央身著黑色披風、頭戴紳士帽)視察角板山(今桃園市復興區,現在主要人口仍是泰雅族)。林瑞昌的父親Watan Shetsu(瓦旦・燮促)是附近大豹社(Bng'ciq,今新北市三峽區)的頭目,於一九〇〇年至一九〇七年間,率領族人抵抗日本人,但在戰爭中損失慘重,最後於一九〇七年被迫投降。林瑞昌在一九一六年進入臺灣總督府醫學校讀書,畢業後返回故鄉擔任醫生。他於一九四五年被任命為臺灣總督府評議員,是當時殖民政府中原住民所擔任的最高的職位。戰後,林瑞昌向國民黨政府請願回復租居地,但未獲回應。一九四八年他擔任臺灣省參議員,至一九五一年又當選第一屆臺灣省臨時省議會議員。當阿里山鄒族領袖高一生(Uyongu Yatauyungana)在一九五〇年開闢新美農場時,林瑞昌以其省議員的身分為他作保取得貸款。一九五二年,林瑞昌與高一生等十餘人涉案被捕入獄。兩年後,他兩人與另外四位原住民菁英被槍決,其餘被認定有罪者(含漢人)分處不同徒刑。這張照片是蔣介石於一九五〇年十月三十一日視察角板山時所攝,這一天是蔣介石第二次在臺灣過生日。跟在他後面的是宋長志將軍(戴軍帽者)及蔣介石之子蔣經國(在林瑞昌與宋長志之間)。 來源:林日龍提供

2.5 劉耀庭與劉施月霞——一對因白色恐怖而生死兩途的夫妻

劉耀庭（1925-1954），日本早稻田專門學校法科畢業，一九五二年十月被捕，一九五四年一月二十九日因「判亂罪」遭槍決。劉耀庭被捕時，妻子懷有六個月身孕，他死後，妻子帶著從未見過父親之面的雙胞女兒，四處流浪，過著極為辛苦且卑賤的生活，直到再婚為止。女兒則在世人的歧視中長大，自卑而沒安全感。
來源：中央研究院近代史研究所提供

2.6 一紙「死亡」日曆

劉耀庭的妻子把丈夫被槍決的那一天的日曆剪下來保存，日曆上印著當時常見的口號：「為救國家救民族而戰」。
來源：中央研究院近代史研究所提供

更加嚴厲，打造出密不透風的恐怖統治。「懲治叛亂條例」第二條第一項規定：內亂罪處以死刑。一般稱為「二條一」，意味著「唯一死刑」，四十餘年間，令聞者股慄。

一九四九年十二月七日，中華民國政府撤退來臺。一九四九年的大撤退，如果光從人力物力的空間移動來看，不能不說具有某種史詩般的質素——浪漫的詩人可要說，多麼可歌可泣！訪問過臺北故宮博物

院的觀光客，如果駐足一想：這些人類文明的精華如
何從一九三一年，因日本侵略中國華北之故，撤離北
平，開始顛沛流離，於戰火中分途輾轉三萬餘公里，
終於在遙遠的外雙溪安頓下來。怎能不動容？殷墟考
古挖掘出來的三、四千年前的甲骨文和青銅器，最後
來到多雨的南港，過程同樣曲折艱難。因著大撤退，
像胡適這樣名聞中外的學者也來到了這個島嶼。臺灣
原本的確是可以成為一個吸納大陸精華的新生社會，
但是，國民黨自身把這個可能性弄擰了。

如前所述，白色恐怖不起於臺灣，也非以臺灣人
為特定對象，目的在剷除「共匪」及其影響。因此，
國府遷臺之前，在臺灣即有幾次檢舉案件，株連頗
廣。

我們要知道：國民黨政權遷臺，是以足以統治廣
大國家的政府規模進駐到一個「蕞爾小島」。雖然國
民黨政權在中國大陸慘敗，以它的軍警情治系統控制
臺灣，可說綽綽有餘。為了肅清或真或假的「共匪」
及其或虛或實的影響，國民黨情治單位大興牢獄。從
一九五〇年代到一九八七年解嚴為止，白色恐怖的政
治案件總數到底有多少？這恐怕很難真正釐清。目前
被評估比較接近實際的數目是一萬六千一百三十二
人（含有刑度、簽結或不起訴）。綠島人權園區的受
難名單是八千二百九十六名，其中一千零六十一名

遭槍決，五十四名死於獄中。這些案件林林總總，大抵
上，五○年代以和中共有關的案件為大宗，六○年代以
後則以「臺獨案」為多。其對象包括外省人、本省人，

2.7 綠島的女性政治犯
　　綠島（火燒島）是臺灣解嚴（1987年7月15日）前監禁政治犯的離島。照片中女性政治犯
　　穿著灰色制服，胸口繡有「新生」兩個字，這是因為他們是「新生訓導處」的成員。
　　新生訓導處（1951-1965）是綠島政治犯的集中營，前後監禁近二千人，刑期大都十年以
　　上。「新生」分為三個大隊，每大隊下轄四個中隊，每中隊一五○人；女生分隊監禁
　　約一百名女性受難者。　　來源：中央社提供

以及原住民，當中有女性和學生。由於「匪諜案」大抵羅織而成，因此也成為權力鬥爭中整肅異己的便利手段，層次可以拉到相當高，如孫立人案。此一手段在情治單位內部的鬥爭也派上用場，於是而有專辦匪諜案的專員淪為匪諜案的主角。此外，由於檢舉匪諜和辦案有功可以獲得獎金，並分享當事人遭沒收的財產，導致情治特務人員為了貪圖利益，捏造假案件，造成不少冤獄。

　　年輕的朋友不在白色恐怖下長大成人，大概很難了解白色恐怖的恐怖。這是你們的幸運，我們實在要為你們高興，為你們由衷高興。或許你們當中有人會天真地問道：如果無辜，不就不要承認嗎？是的，無辜的人，在正常的情況下，不會承認自己有罪。但是，刑求是白色恐怖的殺手鐧。辦案人員刑求當事人，直到取得自白，再以自白牽出一堆人，然後根據這些自白判罪。面對刑求，面對肉體的極限，人們為了肉體再也無法承受加諸於其上的摧殘，只有背叛精神的自我，並做出更可怕的背叛——出賣朋友，甚至從未謀面的人。這是白色恐怖真正恐怖的地方。

　　臺灣警備總司令部是白色恐怖時期，人人聞之變色的機關。這裡所謂的「人人」包括大學生。筆者就讀大學時，是白色恐怖的末期——說是「末期」，那是「後見之明」，當時誰也想不到白色恐怖有結束的

一天。在我大二那年，系上學長王克文的父親王世一
捲入「匪諜案」，當時我們毫無所知。直到二十餘年
後，我才對這個牽連二、三十位高級技術人員的「兩
路大匪諜案」，略有認識。（兩路指鐵路局和公路
局。）學長的父親在刑求下招供了辦案人員要他招供
的事，他被判十二年徒刑，七年後出獄。現在想來實

2.8 施水環、施至成與親友之合照
　一張洋溢著青春氣息的合照，卻成了白色恐怖遭難前的紀念照。後排由左至右：施水
環（死刑）、丁窈窕（死刑）、陳正宏。前排由左至右：張滄漢（七年徒刑）、吳東烈（死
刑）、施至成（下落不明）。施水環和施至成是姊弟，臺南市人。施水環一九二五年生，
一九五四年七月十九日被捕，一九五六年與丁窈窕同日遭處決。施至成，臺大植物病
蟲系畢業，逃亡期間，下落不明。照片中的少年是陳正宏，施水環的外甥，時尚未成
年，未涉案。不在照片中的林粵生，是施至成臺灣大學的好友，由於施至成在逃亡期
間曾在他的宿舍待了幾個小時，他於一九五四年七月二十三日被捕，判刑十五年。
　來源：林粵生提供、劉振祥翻攝

在不可思議：周遭發生這樣重大的事情，怎麼一點風聲也無？怎麼連家屬都不敢聲張？其實，用不著真實的案件來嚇唬我們，我們已夠恐懼。當時有個流行的說法：「人人心中有個小警總」，意思是說：我們要像警備總司令部辦案人員一樣注意檢查自己的思想言論；名副其實的自我檢查(self-censorship)。

在這裡，我們應該注意的是，在白色恐怖時期，不是所有的人都感受到白色恐怖的威脅；統治集團以及服膺其意識型態的人群(年輕人、學生)，可以毫無所覺，悠遊自在、發揮所長。因此，一位在國民黨教育框架中成長的優秀學生，大學畢業後成家立業，沒有機緣接觸框架之外的具體事物或知識，三、四十年後可能還是無法理解白色恐怖及其對「他者」的戕傷。截然不同的歷史經驗，造就截然不同的歷史記憶。了解「非我族類」的被害史，並且納入自己的記憶，是需要一些想像和超乎現實的普遍關懷。在本篇末了，我們還會回到這個問題。

一九八七年七月十四日，中華民國總統蔣經國宣布解除戒嚴令，次日生效。隨著戒嚴令的解除，臺灣社會終於有機會告別恐怖的白色年代。

第三章

黨國教育

　　前一章我們提到陳誠在一九四九年大撤退之前就已來到臺灣，主持省政。當年二月四日，陳誠公布實施「三七五減租」。這是日後臺灣土地改革的先聲，目的在減低佃農繳納給地主的租金，以改善農民生活，防範共產勢力的擴散；統治當局害怕臺灣也將如廣大的中國農村社會，因為農民不堪地主的剝削而成為共產主義的溫床。反共、懼共是國民黨政府撤退來臺後的統治基調。這個綱領也反映在教育上，國民學校初級國語課本的選材標準第一項云：「根據國家當前需要，發揚三民主義精神，肅清共產主義毒素。」一九五〇年以後，臺灣的黨國教育，在具體內容上，

3.1 耕者有其田慶祝活動
行政院長陳誠於一九五三年一月宣布實施「耕者有其田」政策，雲林縣元長鄉派出遊行隊伍慶祝並宣傳該政策的實施。「耕者有其田」規定地主只能保留定額的水田及旱田，政府強制徵收地主超出定額的耕地，放領給現耕的佃農。這項政策造成臺灣的地主失去大量的土地，進而喪失了足以和政府對抗的經濟力量。儘管佃農得到了耕地，但因「肥料換穀制」的實施，農民必須用稻穀，而非現金，來向政府交換農作必要的化學肥料，其比率由官方訂定，遠高於市場比率，導致農民收入減少，而真正的贏家是國民黨政府。　吳邦夫攝影，來源：中國時報編 1995

3.2 山地文化巡迴工作團在烏來向山地婦女進行政令宣傳
　戴運動帽的工作人員手上拿著蔣介石總統的照片。　來源：中央社提供

是徹底反共的，並大講領袖崇拜。

　　在這裡，有必要說明什麼是「黨國」。在法律上，在行憲後(1947 年起)的中華民國，國民黨只是個普通政黨，但在臺灣，它控制了整個國家。當時在臺灣還有兩個政黨——中國青年黨和中國民主社會黨，它們是所謂的「花瓶政黨」，擺著好看，讓撤守臺灣的中華民國維持政黨政治的門面。韓戰之後的中華民國在世界冷戰情勢中代表中國，在國際上以「自由中國」自居，「Free China」是相對於中共統治下的「Red China」，既然標榜「自由」，專制的面貌不能太露骨。然而，實際上國民黨不止一黨獨大，而且一

3.3 臺北木柵國小女學生向校門口巨大的蔣介石
　　總統畫像鞠躬敬禮
　　來源：郎豪華(Howard Rusk Long)著，陳慧
　　靜譯 2004

黨專政。黨控制政府，國庫黨庫混通不清，形成黨國
一體的態勢。因此，國民黨的意識型態也主宰著臺灣
的教育。那麼，國民黨教育到底教了臺灣人什麼？反
過來說，沒教些什麼呢？

　　蔣介石北伐成功，領導中國對日抗戰，一時聲
望極高。然而，由於在國共內戰中失利，蔣介石於
一九四九年一月二十一日引退，由副總統李宗仁代行
職權——實際上還是掌握大權。一九五〇年三月一
日蔣介石「復行視事」，亦即重任總統一職，直至
一九七五年逝世為止，蔣總統在臺灣是「巨大的存
在」。國民學校的課本中到處都是他的身影，國語課
本有一課描寫老師在課堂上向同學說明西安事變，課

文結尾寫道：「同學們聽完之後，都覺得 蔣總統太偉大了。」偉大的蔣總統印在新臺幣上，他的銅像立在臺灣各地的圓環、學校、名勝古蹟；總統夫人蔣宋美齡，像英國女王一樣，她的頭像印在臺灣的郵票

3.4 **雙十節穿軍訓服裝、手持蔣總統玉照的女學生遊行行列**
　　軍訓服裝是臺灣高中女學生制服的一種，卡基色；軍訓課主要內容包括軍事訓練和政治教育，高中必修課。　來源：羅廣仁攝影

3.5 **印著總統夫人蔣宋美齡的郵票**　來源：周婉窈提供

上。如果你生在一九五〇年代，那麼直到你二十餘歲時，蔣總統是你透過教育所認識的最偉大的民族救星、世界偉人，也是唯一的總統。因此，當他去世時，不少接受黨國教育且確信無疑的大學生如喪考妣，流淚嚎泣。他的遺體安放在國父紀念館讓群眾瞻仰，那排隊要看他最後（也是最初）一眼的人群蜿蜒幾條街。

「消滅萬惡的共匪，解救水深火熱的同胞」是反覆出現的教學主題，像印烙一樣，深深印在臺灣學童的腦海裡。在國語常識讀本中，出現若干插畫，以現在的角度可能是「兒童不宜」，例如，共匪用刺刀把一位受綁跪在地上的地主刺死。也有插圖描繪「匪區」同胞的苦況──兩個枯瘦如柴的人，衣不蔽體，愁苦地面對飯桌上散置的破碗，碗中空無一物。如果兒童因此深受感動，興起反攻大陸、拯救大陸同胞的神聖使命感，也是很可以理解的。

「檢舉匪諜，人人有責」是響徹天際的口號。筆者幼年愛好塗鴉，記得有一幅畫入選國民小學的美術比賽。那是命題畫圖。我畫了深夜的巷道，有個人手拿手電筒，橙色燈光在黑暗中照出一個光亮的三角形，照到了一個舉止可疑的壞人，一個臉上長滿亂髭的匪諜。那是童稚的可笑想像──匪諜怎麼是用手電筒可以抓到的呢？這類的教學內容和成果大都隨著時

間的流逝而自然消失。如果我們有某種魔術，可以把
五、六〇年代各級學校的作文簿召喚到眼前，想必大
為可觀，可以讓我們充分了解兒童對灌輸式教育的消
化與反芻。

　　國民黨的教育除了灌輸特定意識型態（以三民主
義為名，但淡化民權、民生主義），以及中國民族主
義之外，它所不教的可能不比它所教的更為不重要。
或許由於二二八的關係，國民黨政權及其追隨者對臺
灣人非常不信任，他們害怕臺灣人擁有鄉土認同，以
及從此延伸出來的臺灣意識，甚至臺灣獨立的思想，
因此，除了地理課本之外，教科書中看不到作為鄉土
的臺灣，也看不到臺灣的歷史。學校教育刻意壓抑本
土語言與文化。為了推行國語，學校禁止講方言（臺
語、客家話，以及原住民語言），講方言的學生受到

3.6 鼓勵群眾檢舉「匪諜」的傳單
　　來源：李筱峰提供

處罰，有被罰錢，也有被罰在胸前掛上「我說方言」
的牌子。帶有臺灣腔的國語是「臺灣國語」，受人輕
視。來自學校教育的制度性壓抑，往往讓本地人子弟
產生一種自卑的心理，無形中認為凡是「臺灣的」都
是低俗的。

**3.7 泰雅族新光國民小學教室
標語與午休的兒童**
標語寫著：我要說國語，
不說方言。
來源：梁正居攝影 1980

近代式國家教育，不管內容好壞，成效都很可觀。不知是否歷史要作弄人，臺灣兩代人的教育竟成強烈對比：戰爭期世代的臺灣人接受「低中國性」、鄉土教材豐富的教育，他們的子女輩的教育則是「高中國性」、沒有鄉土。以此，前者可能懷有深厚的鄉土感情，但大抵對中國文化缺乏溫情與認識；後者成長於激昂的中國民族主義教育中，他們的知識圖景中沒有臺灣、沒有鄉土。

歷史教育方面，日本殖民地教科書中只有微乎其微的臺灣歷史，國民黨統治下的教科書也是如此。換句話說，自有近代式教育以來，臺灣人無法學習自己的歷史(就算只是當成地方史來學)是一百年以上的事——不始於國民黨。這個影響相當深遠，我們今天還深受其害。舉例來說，目前臺灣的領導者，無論屬於國民黨系統或民主進步黨，鮮少人對臺灣的過去有系統的基本認知，而他們卻身負重任，要在對反的歷史記憶和後殖民的泥沼中帶領這個社會走出一條路！

國民黨教育以養成政治的絕對忠誠為主要目標，非常單向，加上升學主義的影響，教育的諸多面向受到嚴重的忽略，學習空洞化。例如，音樂、美術、體育、工藝等課程經常受到考試科目的擠壓，而未能落實教學。從結果來看，過去的教育顯然並未培養學生具備現代公民應有的價值與素養。再舉個例子，如果

「誠實」是道德教育中最基本的德目之一，臺灣過往的教學似乎是「反教育」。現在臺灣的中年人大都記得小學時，每當督學來學校檢查參考書時，由校長、老師帶頭集體欺瞞蒙混的情景。如果「身教」最有效，那麼學生由此學習到誠實的反面才是社會運作的原則。

　　政治掛帥、升學第一的教育，造就出單一價值取向、普遍缺乏人文興趣和素養的高學歷者。他們帶著時代的印烙成為解嚴後掌握臺灣命運的中壯世代。到二〇一七年，解嚴就滿三十年了，臺灣社會卻終日陷在咀嚼、議論政治的紛爭(無論多麼瑣碎)，無視於深層的社會文化問題，崇尚虛誇，不重實質，這樣的集體心態未嘗和過去單一空洞的教育無關。

第四章

民主化、歷史記憶、我們的路

一、民主化運動

一九八〇年代末期到九〇年代，臺灣引起世界注目的是內部的民主化。從專制獨裁統治到民主開放，臺灣走了一條漫長而艱辛的路。這段歷史很複雜，以下僅提綱挈領地予以敘述。

臺灣的民主運動和日本殖民統治時期的反殖民運動，以及有限制的地方選舉經驗，有一脈相承之處。然而，由於二二八的重大挫傷，以及語文轉換的形勢所致，臺灣的民主人士退居「地方」。他們和「中央」的民主運動的連結必須從雷震創辦《自由中國》，及其後雷震以「通匪」罪入獄談起。

一九五〇年前半年，撤退來臺的官員和軍隊促擠在臺灣這個小島，而廈門已經失陷，中共軍隊隨時可能渡海攻擊，美國採取觀望態度，臺灣局勢岌岌可危。「幸好」六月韓戰爆發，美國決定支持中華民國，派遣第七艦隊協防臺灣。有了美國的軍事保護，以及隨之而來的美援物質，中華民國在臺灣的統治迅速穩定下來。國民黨在臺灣實行專制獨裁，引起若干朝野知識分子的不滿，他們希望國民黨遵守國民大會通過施行的憲法，走向民主，實施真正的憲政。臺灣的選舉僅止於縣市層次，國民黨為了鞏固政權，操縱選舉，違法舞弊層出不窮，造成臺灣各縣市參與政治

活動的人士以及民眾的極度憤懣。國民黨選舉舞弊以「作票」最為人詬病，其手法包括把某甲之票唱給某乙，或把某候選人大宗有效票當成廢票計算等；至於臨時停電以調換票箱，也非偶聞。來自大陸的開明知識分子與臺灣本土民主人士終將匯集在一起，寫下戰後臺灣民主運動的第一章。結合他們的是一份名為《自由中國》的半月刊。

　　《自由中國》由雷震所創辦經營。雷震是國民黨黨員，和蔣介石關係密切。當國共邊打邊談之際，在上海，他和一些著名學、政界人物，如胡適、蔣廷黻、杭立武、王世杰等人，反對向中共投降，倡議以自由民主理念，擁護蔣介石，重建中國。本著同樣的精神，在政府的支持下，一九四九年十二月二十日《自由中國》半月刊在臺灣問世，發行人胡適、社長雷震。由於文章水準高、關懷面廣、具批判精神，《自由中國》深受海內外民主人士歡迎。然而，由於對時政多所批評，引起當局不快，雷震和國民黨當權者於是漸行漸遠。咸認為，一九六〇年該刊極力反對國民大會修改憲法以達成蔣介石連任總統的「眾望」，嚴重得罪層峰。按照中華民國憲法，總統只能連任一次；蔣介石已擔任兩任總統，理應鞠躬下臺。該年三月修改臨時條款，蔣介石連任成功，他終將五任總統之職(1948-1975)，直至過世為止。

　　根據雷震日記，雷震早就清楚認識到「中國政治如欲使其走上民主政治的道路，必須有一個有力的反對黨」。一九六〇年五月十六日，在地方選舉舉辦之前，雷震在《自由中國》發表〈我們為什麼迫切需要一個強有力的反對黨〉一文，呼籲堅信民主政治的人，盡快出來組織一個強有力的反對黨，為下屆選舉做準備。五月十八日在野黨及無黨無派人士舉行地方選舉檢討座談會，盛況空前，濟濟多士，是知識菁英、中國民主社會黨與中國青年黨要員，以及本土民主人士的大集合。主席團成員為：雷震、吳三連、李萬居（主席）、楊金虎、許世賢、高玉樹，以及王地。會中幾乎眾口一聲，認為要革除國民黨在地方選舉的枉法舞弊，只有組織有力的反對黨一途。

　　此一集會的後續工作演變成籌組「中國民主黨」運動，雷震眾望所歸，成為核心領導人物，《自由中國》也成為運動的輿論重鎮。然而，就在新黨勢在必成之時，九月四日「雷震案」爆發，情治單位以涉嫌叛亂，逮捕雷震以及《自由中國》關係人士傅正、馬之驌、劉子英。十月八日軍事法庭審判宣判雷震以「知匪不報」、「為匪宣傳」兩罪名判刑十年，劉子英判刑十二年，傅正、馬之驌判處交付感化三年；傅正實際坐了六年大牢。這是人盡皆知的子虛烏有的大冤獄。

　　雷震案爆發後，十一年來影響知識文化人的《自由中國》被迫休刊，新黨運動如泡沫般消失，自由派知識分子大受打擊，從此蟄伏不起、抑鬱以終，如臺大教授殷海光者。在新黨運動中和雷震等人聯合的本土民主人士，頓失所依，力量大減，他們化為個別的、零星的「無黨無派」，後稱「黨外人士」，以個人方式繼續奮鬥，使得反專制獨裁的力量在黯淡的六〇年代得以維持一絲命脈，蓄積至七〇年代而逐漸發

4.1 《自由中國》九週年紀念合影
　　前排左二為傅正；中排左一為宋英、左四為聶華苓、左五為胡適；後排右二為殷海光、右四為雷震。　來源：中央研究院胡適紀念館提供

4.2 聆聽判決之後走出法庭的雷震家屬
　　左一為雷震夫人宋英女士，中間為
　　女兒雷德全女士。
　　來源：中央社提供

4.3 在臺灣大學宿舍前低頭沈思的殷海
　　光教授
　　殷海光（1919-1969）是臺灣自由主
　　義思想的重要先驅；一九六六年國
　　立臺灣大學在當局的壓力之下，發
　　給他聘書，但不許他開課。
　　來源：殷海光基金會提供

展成擁有為數可觀的群眾基礎的「黨外運動」。

　　今天，我們回頭看一九六〇年籌組新黨的文獻，不禁要感嘆臺灣錯失了一個良好的機會——如果新黨得以組成，真可說集一時之俊彥，沒有畛域之分，可以合力導引國家走上一條康莊的民主大道。後來愈來愈嚴重的族群隔閡，或可在萌蘗之初多少有所消弭。

4.4 省議會「五龍一鳳」合影
左起：李萬居、郭雨新、許世賢、郭國基、吳三連、李源棧。六人分別有「魯莽書生」、「小鋼砲」、「嘉義媽祖婆」、「郭大砲」、「神槍手」、「照夜白」之稱，在省議會聯成統一戰線，發揮相當的制衡作用。五位男士合稱「五虎將」，加上許世賢則為「五龍一鳳」。
來源：郭惠娜、許芳庭編 2008；吳三連臺灣史料基金會提供

　　「黨外」是個時代名詞。現在許多人可能只聞其
名，不知其詳。在國民黨一黨專政之下，非國民黨籍
而從事政治活動的人，因為外於國民黨，又無法自組
政黨，約定俗成而有了「黨外」這個稱法，甚至屬於
民社、青年兩黨的本土民主人士也被視為「黨外」，
前者如楊金虎，後者如郭雨新。

　　一九七〇年代黨外運動的發展值得特別一提的
是，該年代初期郭雨新及其秘書陳菊把黨外運動帶入

4.5 郭雨新赴美餞別宴合影
　　右起：康寧祥、康陳麗蓉（康夫人）、郭雨新、友人、雷震、宋英
　　（雷夫人）
　　一九六〇年《自由中國》派籌組新黨失敗，雷震身陷囹圄十年，其
　　後外省籍自由派菁英和本地黨外領袖仍往來密切。據悉郭雨新、雷
　　震、齊世英、高玉樹等人，有段時期每月聚會一次。在郭雨新的引
　　介下，當時的黨外「新秀」康寧祥接上了這個民主運動的系譜。
　　來源：郭惠娜、許芳庭編 2008；郭家提供

4.6 美麗島事件軍警與民眾對峙景象
　一九七九年十二月十日是「世界人權日」，美麗島團體舉辦遊行，和軍警發生衝突。
來源：中央社提供

4.7 美麗島事件遭逮捕之黨外人士出庭應訊
　照片中由右而左依序為：林弘宣（牧師）、呂秀蓮、施明德、姚嘉文、陳菊、黃信介（已故，前民進黨主席）、張俊宏。　來源：中央社提供

4.8 林義雄全家福

　　由左而右依序為：母親、妻子方素敏、女兒亭均、奐均、亮均、林義雄。一九八〇年
二月二十八日，林義雄在監獄中，妻子出門辦事，留在家中的母親以及三個女兒遭人
殘殺。為人發現時，母親和雙胞胎已經死亡，大女兒遭砍十三刀之多，昏迷不醒，送
醫幸而獲救（兇手很可能以為她已死亡）。此一血案至今未破；咸信出於政治動機（當時
林家二十四小時遭受治安當局監視）。　　來源：財團法人慈林教育基金會提供

4.9 衛理幼稚園楊老師在運動會中抱著雙
　　胞胎姊妹亭均（左）與亮均（右）
　　林家血案發生後的第二天，某大報刊
　　出這張照片，許多人一面讀報一面流
　　眼淚。
　　來源：財團法人慈林教育基金會提供

大學校園，獲得若干大學生的支持與參與。其次是，黃信介、康寧祥在一九七五年創辦第一份黨外政論刊物《臺灣政論》，開啟後來黨外雜誌如雨後春筍紛紛創立之先河。七〇年代見證了黨外運動的群眾魅力——每當選舉，著名黨外人士的政見發表會，人山人海，動輒以萬計。在政見發表會上，康寧祥以他那雅俚得宜的醇正臺語，扭轉不少閩系臺灣人對自己的語言的觀感。此外，康寧祥對著群眾大談一九二、三〇年代臺灣先輩的反殖民統治運動，這是「沒有歷史的」臺灣人所不知道的。以二、三〇年代的政治運動為精神泉源，康寧祥賦予黨外運動一種歷史的使命感、一種精神的連結，以及來自時間的文化深度。

　　一九七九年《美麗島》創刊，黨外運動積極走向組織化之路。戒嚴時期的臺灣，實施黨禁、報禁，也禁止出國觀光旅行。在動員勘亂體制之下，就如同雷震要組新黨一樣，是「自取滅亡」，黨外運動不斷上綱，其結果就是爆發十二月十日的美麗島事件。黨外著名人士慘遭網羅殆盡，被逮捕而以叛亂罪起訴的有：黃信介、施明德、張俊宏、姚嘉文、林義雄、陳菊、呂秀蓮、林弘宣等人。最後的判決結果，從十二年徒刑到無期徒刑不等。從事後的發展來看，美麗島事件是臺灣民主運動暫時的大挫敗，實際上為日後民進黨的成立與發展鋪路。

4.10 《高山青》創刊號發刊辭
一九八三年五月國立臺灣大學四位原住民學生林文正(伊凡‧諾幹)、林宏東、楊志航、劉文雄(夷將‧拔路兒)創辦手寫地下刊物《高山青》，是臺灣原住民族運動的先聲。發刊辭呼籲：如果我們不背負起山地的十字架，誰來為我們背負？
來源：夷將‧拔路兒提供

發刊辭

我們是一群熱愛國家、珍惜鄉土的山地青年，意識促山地現代化——政治運作民主化、經濟發展系統化、社會福利生兩性、傳統文化生活化的早日實現，特發行此刊。

山地青年朋友們！試問：醒悟的貧富差距何時才能拉平？寬闊的差距為何時才能獲致？真正的尊重何時才能披受？

山地青年朋友們！再試問：如果我們不背負起山地的十字架，誰來為我們背負？

山地青年朋友們！奮起吧！覺醒吧，三、四百年，是覺醒的時候了！！

　　美麗島事件第二年，在那個不祥的二月二十八日，就在林義雄仍身繫囹圄、備受摧殘之際，他的母親與一對雙生幼女在自宅被人刺殺慘死，九歲大女兒身受重傷，昏迷獲救。學生小姊妹無邪的淺笑，活生生地印在報紙上，而人們則淚流滿面。這件至今仍無法破案的滅門大血案，帶給民眾的震驚與愴痛，恐怕無形中造成許多人對黨國統治產生疏離感。小姊妹值得一齣莎劇，福爾摩沙還在等待他們的莎士比亞。

　　從美麗島事件到民進黨成立(1986)、戒嚴令解除(1987)、廢除三大惡法(1991)、國會全面改選(1992)、臺灣首次總統民選(1996)……等等，這些重大變革「去古未遠」，其間的519綠色和平運動、原住民運動、鄭南榕自焚、野百合學生運動、獨立臺灣

4.11 第一次「519綠色行動」
一九八六年五月十九日黨外人士聚集在臺北市龍山寺廣場，要求解除戒嚴。
來源：湯金全提供

4.12 第一次「519綠色行動」另一景
來源：宋隆泉提供

4.13 第二次「519 綠色行動」

一九八七年五月十九日，約三萬多名民眾聚集於國父紀念館前要求「100% 解嚴、100% 回歸憲法」。　來源：宋隆泉提供

4.14 原住民第二次還我土地運動遊行(1989年9月27日)
許多原住民背著小孩參加遊行，此時(2016)這些小孩已是青壯年了。
來源：謝三泰攝影・提供

會案，以及「一○○行動聯盟」等激盪人心的大事，大家記憶猶新，我們就不再一一細談。臺灣的民主之路，過去走得很辛苦，現在、未來未必並不更為辛苦。歷史將考驗我們是否有足以接收前人努力之成果的理性與智慧，還是只會揮霍？甚至放棄自由、民主和人權的普世價值？

二、兩種歷史記憶

臺灣從一九四五年戰後殘破的經濟到躋身亞洲四

4.15 野百合學生運動　來源：余岳叔攝影‧提供

小龍，到二十一世紀初，佛教團體挾其巨大之財富與資源在世界各地大行救濟和賑災，其變化之大，誠有不可思議的地方。關於臺灣經濟政策的變化，例如，政府方針對臺灣經濟起飛的貢獻，以及十大建設的內容等等，相關研究很多，毋須多費唇舌。但是，擺開政經結構，從哪個角度我們可以幫助讀者了解今天的臺灣，尤其是內部的分裂與愈演愈烈的認同與族群問題呢？戰後的臺灣，情況特殊，不同的群體擁有不同的歷史經驗，不同的歷史經驗導致不同的歷史記憶，以此為線索或許能掌握其大絡。

從一九四九年歲暮以來，臺灣社會可以說存在著兩種不同的歷史記憶，這兩種不同的歷史記憶並非「命定」不能相融，但現實的政治發展使得它們不止無法相融，並且形成犄角之勢，一顯一晦，以奇特的方式在時間之流中角力。讓我們簡單描述這兩種歷史記憶。但在這之前，我們必須指出：每個社會都有一定數目的人，拒絕被自己的國籍、族群、性別、階層所定義，他們試圖追求更具超越性、普遍價值或個人性的東西。通常，他們淹沒於時代潮流中；有些時候，又好像和時勢之得以扭轉有著某種關連。以下的敘述只是想在複雜的世相中捻出個大趨勢，並無意以偏概全。

首先是作為主流的、官方的歷史記憶。這是國

民黨政權透過教育極力灌輸給學生的歷史記憶，以體現中華文化和發揚中國民族精神為主軸。就具體的人群而言，這樣的記憶大抵為來自中國大陸的群體（外省人）所共有；他們在大陸經歷八年抗戰，受到自一九三〇年代以來反日仇日民族主義的影響，嫌惡日本以及代表日本的事物。他們大多數人在一九五〇年前後來到臺灣，對二二八事件缺乏了解，因而容易全盤接受官方的說法；在白色恐怖時期，除了少數人之外，他們不是情治單位威嚇偵察的對象，甚至無感於其存在。雖然他們來自的地方可能南北懸隔、語言不通，出身也大相逕庭，然而，由於跟隨政府撤退來臺，同樣離鄉背井、同樣孤立於臺灣人社群，加上新的政治局勢賦予他們新的社會文化定位，使得他們之間形成一種群體感、一種連帶感。他們到哪裡都被臺灣本地人視為「外省人」，而他們之間也很能在茫茫人海中互相辨認，彷彿身上貼著相互感應的條碼一樣。但是，如果把他們放回一九五〇年以前的中國大陸，這條碼就失靈了。換句話說，他們之間的彼此認同是特殊時空的產物。來自大陸的人雖然彼此話語（家鄉話）未必能通，他們的子女講一口標準國語，絕大多數成為正統歷史記憶和黨國意識型態的承載人。當然，如前所述，外省人當中有反國民黨者，他們的子女輩也有致力於追求臺灣之自由民主的知識分子。

　　在另一方面，臺灣社會存在著被嚴重打壓的集體歷史記憶。這是戰後初期本地臺灣青壯世代（戰爭期世代）的歷史記憶。他們生長於日本殖民統治時代，多數人接受殖民地教育，在國籍上他們是日本人，毫無選擇地捲入日本的對外征戰，站在中國人的對反立場。戰後，他們經歷二二八事件，在白色恐怖時期，雖然不是所有的人都感受威脅，但他們集體被迫對過去保持沈默。數十年間，「二二八」是再嚴重不過的政治禁忌，連對子女也無法談。他們的過去，尤其是日本統治下最後的八年，是無法言說的。實際上，他們也沒有「言說」的工具——他們經由學校教育學得的日語被禁止使用，方言受到壓抑，而「新國語」則非他們所能掌握，他們在新社會淪為「文盲」，集體「失語」。如果沒有二二八，如果國民黨有比較和緩的語言政策，如果沒有白色恐怖……，或許他們有機會反思殖民統治的本質，清點其正負面「遺產」，並向中國的歷史記憶敞開，但是，高壓政策逼迫他們把自己隔絕起來，而主流社會也把他們摒斥在外。他們的歷史記憶處於閉鎖狀態，他們的殖民地經驗在時間之流中「化石化」；於是，日本的統治，在比較之下，顯得比國民黨來得好。這同時，他們的子女在國民黨教育之下，說講他們聽不懂的語言，學習到一套和他們截然不同的歷史觀，以及日本觀。

　　如前所述，國民黨以情治單位、白色恐怖、思想規訓、黨化教育，控制一切，固若金湯。在國民黨高壓統治之下，反抗空間有多大？臺灣本地人的子女有突破黨國意識型態之箝制的可能嗎？在這裡，我們要特別注意戰爭期世代的影響。雖然他們在戰後被迫沈默，但他們的想法和態度(不必然以「言說」的方式)，卻悄然地多少抵銷了國民黨教育的效果。如果外省人子弟在學校所學的和家庭所教的是一致的，臺灣孩童在家庭所感受到的則往往和學校所教導的不相一致，甚至是衝突的。家庭的影響對學校教育，在前者起加成作用，在後者則起不同程度的抵銷作用——從零到百分之百；在光譜的一端，有人全然不受父母影響，在另一端則有人全然否定學校灌輸的思想。雖然如此，學校教育的力量還是具有絕對優勢，特別是絕大多數戰爭期世代的臺灣人接受現實，隱藏想法。他們若有影響，其性質是私密的，是潛伏的，對國民黨的統治不構成公開且直接的威脅。問題在於「絕對數目」(sheer number)所產生的效應。戰爭期世代是一九五〇年代到八〇年代的中堅人口，只要有小部分的人發揮小部分的影響力，就能蓄積不少挑戰國民黨權威和正統教育的能量。換句話說，如果在人口構成上，臺灣人是少數，那麼要突破國民黨鋪天蓋地的統治是相當困難的。這或許可以解釋，一九六〇年民主

4.16 陳文成紀念晚會布景
陳文成博士為卡內基美隆大學（Carnegie Mellon University）助理教授，他於1981年夏天攜妻、幼子返臺探望父母，7月2日遭三名警備總部人員帶走，隔天清晨被發現仰躺在國立臺灣大學研究圖書館旁的草地，已然失去生命。近年來，由於臺大學生和老師的持續努力，臺大校務會議終於通過將該地命名為「陳文成事件紀念廣場」。臺大研究生協會和學生會自陳文成博士遇難三十週年（2011）起，每年都在該地舉辦紀念晚會。圖為2014年晚會布景，當時還沒通過廣場的正式名稱。今年（2016）夏天廣場設計競圖的結果也已公布。　來源：周婉窈攝影‧提供

　　運動的領導層遭剷除之後，反國民黨運動還能一絲如縷的原因；族群受迫害的記憶變成激發人心的殘存力量。然而，也因此，黨外民主運動有了族群的色彩。但是，我們必須記住：解嚴前數十年中，更多的本地臺灣人是擁護國民黨政權的。他們在解嚴後的二、三十年繼續支持國民黨。

　　塵封三、四十年的歷史記憶，在解嚴之後，終於像伏流一樣找到出口而冒湧到地面。在九〇年代，二二八事件、臺籍日本兵、白色恐怖成為口述歷史最

重要的採訪主題。戰爭期世代在凋零之際，終於有了向子孫陳述過去的機會。他們為這一段淹晦不彰的過去作出珍貴的歷史見證。然而，歷史是弔詭的。戰爭期世代在戰後，和殖民母國日本脫離關係，加上戰後的語言、文化政策，基本上無法和前殖民母國互通聲息。因此，當戰後的日本社會對戰爭進行反省時，臺灣人外於這一切；原子彈的慘痛經驗，以及因此而來的「和平祈願」想法，也不在他們的思維範圍。事實上，臺灣人的戰爭經驗近乎「原封不動」地保存在當事人的記憶裡。直到現在，臺籍日本兵和看護婦當中，還是有人相信「大東亞戰爭是聖戰」。

　　我們可以了解這是歷史的結果。直到九〇年代，他們的歷史記憶是封閉的，在戰後，他們沒有機會和日本人一起反省戰爭，另一方面，他們多數人對國民黨的歷史解釋具有免疫力（來自語言的，以及憤懣的情結）。此外，關於這一段歷史，過去的臺灣社會並無法提供具有學術基礎的知識，就算有，他們也無法閱讀──讓一整代受教育的人淪為文盲，實非社會之幸。因此，他們無由了解他們所參與的戰爭的本質，是很可以理解的，我們不能苛責他們。但是，在給予這個世代「同情的了解」之外，我們必須要有超出當事人眼界的認知才行，我們必須站在以臺灣為主體的立場上去審視過去、向望未來。

如同楊逵筆下「壓不扁的玫瑰」，臺灣人的過去可以說是「壓不扁的記憶」。它在過去，不曾因為被打壓而乾竭，自從浮上地面之後，它和主導臺灣社會半世紀以上的主流歷史記憶正進行一場激烈的角力。在這裡，我們必須再度提醒讀者：臺灣自有近代式教育以來，臺灣人一百年來無法學習自己的歷史。戰爭期世代對臺灣歷史欠缺認知，其情況就如同今天臺灣的中堅世代一樣。因此，如何增加整個社會對臺灣歷史的深入了解，而非僅止於口耳相傳的程度，並減少任意曲解、「善加利用」的情況，是當前重要的

4.17 史尼育唔返鄉

一九七五年，日本戰敗之後藏匿於印尼莫羅泰島三十年的原住民史尼育唔（中村輝夫；李光輝）返回故鄉臺東東河鄉受到親人和村民歡迎的景象。當時臺灣媒體大肆報導，然而，由於多數記者不懂日本殖民時期的臺灣歷史，加上急於作政治宣傳，報導大多離譜而荒誕不經。史尼育唔的新聞價值持續二十餘天，之後僅見零星的報導；據說他返鄉後煙癮很大，一九七九年死於肺癌。

來源：中央社提供

課題。歷史的文盲如何在歷史的葛藤中看到出路？一九七〇年代，康寧祥把黨外運動和一九二、三〇年代的臺灣歷史作了連結。今天，這段歷史似乎離我們更加遙遠了。

　　二十一世紀第一個十年，臺灣社會面臨如何整合兩種歷史記憶的關鍵性時刻。由於我們無法把時光撥回一九四五年，為了內部的融合，為了建立一個理性溝通的社會，這兩種歷史記憶必須處於開放的狀態，向對方敞開，甚至向一個更為遙遠的過去敞開。唯有如此，分裂的社會才能獲致「正反合」的生成力量。在第二個十年的下半，新的年輕世代起來了，他們從小到大「生活在臺灣」，有著非常不一樣的對歷史的需求，以及對未來的期盼。他們將寫出怎樣的臺灣史篇章呢？

三、後殖民的出路

　　日本每年在年終時，有票選最能代表過去一年的單字的活動。如果臺灣也有類似的活動，票選九〇年代整個十年的代表字，那麼，「亂」的當選機率應該相當高。從外界來看臺灣，或許有人會認為臺灣的現象很有趣，充滿活力，非常自由（什麼事都可能、都可以做），但對身陷其中的人來說，可能一點也不有趣，甚至導致心理長期的沮喪和抑鬱。這樣的「亂

象」似乎還要持續一段時日。由於現象本身就是亂，看不出方向，有人憂心忡忡，認為臺灣社會正整體「向下沈淪」。

如果以「向下沈淪的亂」來看臺灣媒體，似乎很恰當。解嚴以來，臺灣媒體既是亂象的表徵，又且是亂象推波助瀾的大力量。沒在臺灣生活過的外人，或許無法體會臺灣媒體報導的光怪陸離，以及那毫無底限的日趨墮落。舉個實例來說，一位日本 AV 女星來臺，可以是媒體爭相報導的頭條新聞，一播再播，而且鏡頭詭異。或許臺灣可以成為二十一世紀「後現代」的櫥窗。凡存在必有原因(雖未必有道理)，臺灣社會的混亂是有其深遠的根源，就某個程度來說，是「後威權」併發症，加上遲發性的「後殖民」病徵。

威權統治在臺灣指的就是戰後中國國民黨的專制獨裁統治，有學者認為這個中文詞有美化作用。專制獨裁或集權統治以強大的外力控制人民的思想和行為，一旦崩潰，人民頓得解放，為所欲為，百無忌憚。在蘇聯解體後的俄羅斯和東歐，我們都看到混亂失序的現象。如果社會自身缺乏強有力的約束機制，如宗教、文化價值、傳統習慣等，混亂失序可能越演越烈，不知伊于胡底。專制獨裁／集權統治靠的是強大的外鑠力量，以控制社會、指導文化，因此特別忌諱社會的自發性組織，以及人民的獨立判斷能力。久

而久之，人民喪失自律精神，非靠外力鞭策無足成事。此外，在這類型態的統治之下，由於種種利誘收編之伎倆，導致社會道德性低落，要重建新秩序，並非容易的事。今天，臺灣社會最重要的課題之一，毋寧是建立自主且同時能自律的文化，以及市民社會賴以成立的溝通理性和公民意識。

在後威權之諸多問題之外，臺灣還有一個遲來的「後殖民時代」的現象。日本的殖民統治在一九四五年八月十五日結束，這是無可懷疑的。脫離殖民統治，就任何角度來說，都是值得欣慶的——人們脫離身心的臣屬狀態，不再是統治民族的工具，不再以他人的文化、語言、歷史為自己的文化、語言、歷史；人們可以回到原本的文化傳統，自主地繼承和創造。然而，如前所述，臺灣脫離殖民地身分之後，隨即淪入另外一種高壓的統治，不久二二八事件發生，再不久一個龐大的中央政府以及為數甚夥的軍民撤退來臺。有人主張國民黨的統治是殖民統治。由於臺灣在淪為日本殖民地之前是清朝的領土，統治時間長達二百一十二年，因此，把臺灣交回給繼承清朝政體的中華民國政府，在當時很難說不合情理。問題出在事後的統治。國民黨在臺灣的統治，就文化、語言、教育、族群政策，以及高階的人事任用而言，是有「類殖民統治」之嫌。不管國民黨的統治是「二度殖民」

4.18 歐陽文的油畫作品〈出頭天〉
描繪在鐵絲網旁綻放的臺灣百合。歐陽文（1924-2012）師從陳澄波，
曾被關在綠島的政治犯監獄長達十二年。　來源：歐陽煇美提供

也好，「類殖民」也好，就是因為有這一段轉折，使
得臺灣的「後殖民時代」姍姍來遲。我們今天面臨的
巨大挑戰，可以說是「去雙殖工程」，斷非容易之
事。

　　殖民地擺脫殖民統治之後，是殖民地人民反省殖
民統治，揚棄其所導致的臣屬心態，掙脫殖民者之思
維與論述，而重新形塑自我的時機。臺灣一錯過就是
半世紀，當人們開始理解這段過去時，兩代人已經凋
零殆盡，中堅世代的認知又和過去數十年的經驗糾纏
不清，摻雜太多現實的政治考量。究實而言，殖民統
治的「業績」不全然是負面的，因此英文有 "colonial

heritage" 一詞，既是 "heritage"，總有值得稱道的地方。然而，不管殖民統治留下如何豐富的遺產，近代式殖民統治最大的傷害在於：剝奪殖民地人民對自我之傳統、文化，以及歷史的認知；導致「自我」的虛空化、「他者化」。這是殖民地最難以痊癒的傷痕。臺灣人還活在這個魔咒中。

　　「後殖民時代」在臺灣是遲來的、壓縮的、糾葛的、重層的，是一條泥濘之路。我們的年輕人，成長於自由、民主、人權有基本保障的環境，比我們有機會從多元的角度認識臺灣的過去，也能自然地親近鄉土，共享時空記憶，或許，你們能走出泥沼，走出一條康莊大道，也說不定。不，應該是吧。應該是吧。

各章基本參考資料與延伸閱讀

＊本書目原文有用「臺」，也有用「台」字者，在此一律用「臺」字。

本　篇

第二章

宋文薰，〈史前時期的臺灣〉，收於曹永和、黃富三編，《臺灣史論叢》第一輯，頁9-28。臺北：眾文圖書股份有限公司，1980。

林朝棨，〈臺灣凱達格蘭族之礦業〉，《臺灣礦業》第十七卷第二、三期(1965年11月)，頁37-57。

連照美，〈臺北圓山遺址現況調查研究報告〉，《臺北文獻》直字第八十三期(1988年3月)，頁1-48。

連照美，《臺灣新石器時代卑南墓葬層位之分析研究》。臺北：國立臺灣大學出版中心，2008。

陳玉美，〈考骨？考古！游進時光隧道的考古學〉，《大眾科學》第五卷第一期(1984年1月)，頁6-8。

劉益昌，《臺灣的史前文化與遺址》。南投：臺灣省文獻委員會，1996。

劉益昌，《臺灣的考古遺址》。新北：臺北縣立文化中心，1992。

劉益昌主編，《臺灣史前史專論》。臺北：中央研究

院、聯經出版公司，2015。

Chang, Kwang-chih. *Fengpitou, Tapengkeng, and the Prehistory of Taiwan.* New Haven: Yale University press, 1969.

Chang, Kwang-chih. *The Archaeology of Ancient China.* New Haven: Yale University press, 1986.

第三章

古野清人著，葉婉奇譯，《臺灣原住民的祭儀生活》。臺北：原民文化，2000。

石萬壽，〈頭社的阿立祖祭典〉，《民俗曲藝》第八期(1981年6月)，頁1-7。

李壬癸，〈臺灣平埔族的種類及其相互關係〉，《臺灣風物》第四十二卷一期(1992年3月)，頁211-238。

李壬癸，《臺灣南島民族的族群與遷徙〔增訂新版〕》。臺北：前衛出版，2011。

浦忠成，《被遺忘的聖域：原住民神話、歷史與文學的追溯》。臺北：五南圖書，2007。

國分直一著，廖漢臣譯，〈祀壺之村〉，《臺灣文獻》第十三卷第二期(1962年6月)，頁90-103。

陳孟君，〈排灣族palji傳說的敘事與流傳〉，《民族學研究所資料彙編》第二十二期(2012年3月)，頁79-123。

詹素娟，〈宜蘭平原噶瑪蘭族之來源、分布與遷徙——以哆囉美遠社、猴猴社為中心之研究〉，收於潘英海、詹素娟編，《平埔研究論文集》，頁41-76。臺北：中央研究院臺灣史研究所，1995年。

潘英海，〈祀壺釋疑——從「祀壺之村」到「壺的信仰叢結」〉，收於潘英海、詹素娟編，《平埔研究論文集》，頁445-473。臺北：中央研究院臺灣史研究所，1995年。

Bellwood, Peter. "The Austronesian Dispersal and the Origin of Languages." *Scientific American* (July 1991), pp. 88-93.

Blundell, David, ed. *Austronesian Taiwan: Linguistics, History, Ethnology, and Prehistory.* Berkeley: Phoebe A. Hearst Museum of Anthropology, University of California, Berkeley; Taipei: Shung Ye Museum of Formosan Aborigines, 2000.

Gray, R. D., A. J. Drummond and S. J. Greenhill. "Language Phylogenies Reveal Expansion Pluses and Pauses in Pacific Settlement." *Science* vol. 323 (January 23, 2009), pp. 479-483.

Gray, Russell D. and Fiona M. Jordan. "Language Trees Support the Express-train Sequence of Austronesian

Expansion." *Nature* vol. 405（June 29, 2000）, pp. 1052-1055.

Ross, Malcolm. "Proto Austronesian Verbal Morphology: a Reappraisal." In Alexander Adelaar & Andrew Pawley, eds., *Austronesian Historical Linguistics and Culture History: A festschrift for Robert Blust*, pp. 295-326. Canberra: The Australian National University, 2009.

第四章

Christine Vertente、許雪姬、吳密察，《先民的足跡──古地圖話臺灣滄桑史》。Knokke, Belgium: Mappamundi Publishers；臺北：南天書局，1991。

中村孝志，〈蘭人時代蕃社戶口表〉(1)、(2)，《南方土俗》四卷一號、四卷三號（1936年7月、1937年6月），頁42-59、180-196。

中村孝志，《荷蘭時代臺灣史研究(上卷)：概說‧產業》。新北：稻鄉出版社，1997。

中村孝志，《荷蘭時代臺灣史研究(下卷)：社會‧文化》。新北：稻鄉出版社，2002。

方豪，《臺灣早期史綱》。臺北：臺灣學生書局，1994。

江樹生譯註，《梅氏日記──荷蘭土地測量師看鄭成

功》。臺北：漢聲雜誌社，2003。

村上直次郎，《新港文書（Sinkan Manuscript）》。臺北：臺北帝國大學理農學部，1933；臺北：捷幼出版社復刻，1995。

村上直次郎等著，許賢瑤譯，《荷蘭時代臺灣史論文集》。宜蘭：佛光人文社會學院，2001。

周婉窈，〈山在瑤波碧浪中──總論明人的臺灣認識〉，收於氏著，《海洋與殖民地臺灣論集》，頁3-64。臺北：聯經出版公司，2012。

周婉窈，〈明清文獻中「臺灣非明版圖」例證〉，收於氏著，《海洋與殖民地臺灣論集》，頁151-188。臺北：聯經出版公司，2012。

林偉盛譯，《邂逅福爾摩沙 臺灣原住民社會紀實：荷蘭檔案摘要》〔第一冊1623-1635〕。臺北：南天書局，2010。

翁佳音，〈歷史記憶與歷史事實──原住民史研究的一個嘗試〉，《臺灣史研究》第三卷第一期（1996年6月），頁5-30。

曹永和，《臺灣早期歷史研究》。臺北：聯經出版公司，1979。

曹永和，《臺灣早期歷史研究續集》。臺北：聯經出版公司，2000。

陳國棟，《臺灣的山海經驗》。臺北：遠流出版公司，2005。

程紹剛編譯，《荷蘭人在福爾摩莎》。臺北：聯經出版公司，2000。

楊彥杰，《荷據時代臺灣史》。臺北：聯經出版公司，2000。

歐陽泰(Tonio Andrade)著，鄭維中譯，《福爾摩沙如何變成臺灣府？》。臺北：遠流出版公司，2007。

鮑曉鷗(José Eugenio Borao)著，Nakao Eki譯，《西班牙人的臺灣體驗（1626-1642）：一項文藝復興時代的志業及其巴洛克的結局》。臺北：南天書局，2008。

韓家寶(Pol Heyns)著，鄭維中譯，《荷蘭時代臺灣的經濟‧土地與稅務》。臺北：播種者文化，2002。

Campbell, William, ed. *The Gospel of St. Matthew in Formosan（Sinkang Dialect）*. Edited from Daniel Gravius's edition of 1661. London: Trubner & Co., 1888；臺北：南天書局復刻，1996。

第五章

王世慶，《清代臺灣社會經濟》。臺北：聯經出版公司，1994。

王學新譯，《風港營所雜記》。南投：國史館臺灣文獻館，2003。

艾馬克（Mark A. Allee）著，王興安譯，《晚清中國的法律與地方社會：十九世紀的北部臺灣》。臺北：播種者文化，2003。

李文良，《清代南臺灣的移墾與「客家」社會（1680-1790）》。臺北：國立臺灣大學出版中心，2011。

邵式柏（John Robert Shepherd）著，林偉盛等譯，《臺灣邊疆的治理與政治經濟（1600-1800）》。臺北：國立臺灣大學出版中心，2016。

施添福，《清代在臺漢人的祖籍分布和原鄉生活方式》。臺北：國立臺灣師範大學地理學系，1987。

施添福，《清代臺灣的地域社會：竹塹地區的歷史地理研究》。新竹：新竹縣立文化中心，2001。

莊英章，《田野與書齋之間：史學與人類學匯流的臺灣研究》。臺北：允晨文化，2004。

陳其南，《臺灣的傳統中國社會》〔訂正版〕。臺北：允晨文化，1991。

陳盛韶，《問俗錄》。北京：書目文獻出版社，1993。

Shepherd, John Robert. *Statecraft and Political Economy on the Taiwan Frontier, 1600-1800*. Stanford, California: Stanford University Press, 1993.

第六章

李壬癸，〈從李姓族譜看宜蘭縣民的遷移史和血統〉，《臺灣史研究》第二卷第一期(1995年6月)，頁176-179。

李國祁，〈清代臺灣社會的轉型〉，《中華學報》第五卷第二期(1975年7月)，頁131-159。

施添福，〈清代臺灣竹塹地區的土牛溝和區域發展〉，收於張炎憲、李筱峰、戴寶村編，《臺灣史論文精選》上，頁157-219。臺北：玉山社，1996。

柯志明，《番頭家：清代臺灣族群政治與熟番地權》。臺北：中央研究院社會學研究所，2003。

莊英章、陳運棟，〈晚清臺灣北部漢人拓墾形態的演變——以北埔姜家的墾闢事業為例〉，《中央研究院民族學研究專刊》乙種之十六(1986年6月)，頁1-43。

陳其南，〈清代臺灣社會的結構變遷〉，《中央研究院民族學研究所集刊》第四十九期(1980年春季；1981年出版)，頁115-147。

陳秋坤，《清代臺灣土著地權》。臺北：中央研究院近代史研究所，1994。

費德廉(Douglas L. Fix)、羅效德編譯，《看見十九世紀臺灣：十四位西方旅行者的福爾摩沙故事》。

臺北：如果出版社，2006。

黃富三，《霧峰林家的興起——從渡海拓荒到封疆大
　　　吏(一七二九～一八六四年)》。臺北：自立晚報
　　　社文化出版部，1987。

藍鼎元，《東征集》〔臺灣文獻叢刊第十二種〕。臺
　　　北：臺灣銀行經濟研究室，排版標點本，1958。

第七章

李喬、薛雲峰，〈「乙未抗日」史觀的重建：義民史
　　　觀——從吳湯興殉難談起〉，收於行政院客家委
　　　員會《「乙未戰爭與客家」學術研討會》，頁
　　　61-98。臺北：行政院客家委員會，2005。

金前成，〈臺灣省乙未抗日之役〉，《臺灣文獻》第
　　　二十八卷第一期(1977年3月)，頁144-152。

宮本延人口述，宋文薰、連照美編譯，《我的臺灣紀
　　　行》。臺北：南天書局，1998。

翁佳音，〈府城教會報所見日本領臺前後歷史像〉，
　　　《臺灣風物》第四十一卷第三期(1991年9月)，
　　　頁83-100。

翁佳音，《臺灣漢人武裝抗日史研究(1895-1902)》。
　　　新北：稻鄉出版社，2007。

陳運棟，〈徐驤與乙未抗日戰爭〉，收於行政院客家
　　　委員會《「乙未戰爭與客家」學術研討會》，頁
　　　36-59。臺北：行政院客家委員會，2005。

黃玉齋，〈臺灣初期抗日史略〉，《臺灣文獻》第
　　二十二卷第四期(1971年12月)，頁61-90。

黃秀政，《臺灣割讓與乙未抗日運動》。臺北：臺灣
　　商務印書館，1992。

黃昭堂著，廖為智譯，《臺灣民主國之研究》。臺
　　北：現代學術研究基金會，1993。

劉公木，〈乙未年臺胞抗日史略〉，《臺灣文獻》第
　　二十四卷第三期(1973年9月)，頁122-183。

第八章

周婉窈，〈試論戰後臺灣關於霧社事件的詮釋〉，
　　《臺灣風物》第六十卷第三期(2010年9月)，頁
　　11-57。

林衡道主編，程大學編譯，《余清芳抗日革命案全
　　檔》第一至第四輯。臺中：臺灣省文獻委員會，
　　1974-1976。

春山明哲編、解說，《臺灣霧社事件軍事關係資
　　料》。東京，不二出版，1992。

康豹，《染血的山谷：日治時期的噍吧哖事件》。臺
　　北：三民書局，2006。

張家鳳，〈噍吧哖慘史〉，《臺灣文獻》第二十四卷
　　第三期(1973年9月)，頁202-210。

郭明正，《又見真相：賽德克族與霧社事件：66個問
　　與答，面對面訪問霧社事件餘生遺族》。臺北：

遠流出版公司，2012。

臺灣軍司令部編，《昭和五年臺灣蕃地霧社事件
　　史》。東京：中央經濟研究所，1990 復刻。

劉璧榛主編，《臺灣總督府臺灣臨時舊慣調查會蕃族
　　調查報告書〔第四冊〕賽德克族與太魯閣族》。
　　臺北：中央研究院民族學研究所，2011。

戴國煇編著，《臺灣霧社蜂起事件——研究と資
　　料》。東京：社會思想社，1981。

戴國煇編著，魏廷朝翻譯，《臺灣霧社蜂起事件：研
　　究與資料》上、下。新北：國史館，2002。

第九章

王泰升，〈臺灣日治時期的司法改革〉上、下，《國
　　立臺灣大學法學論叢》第二十四卷第二期（1995
　　年6月）、第二十六卷第一期（1996年10月），頁
　　1-46、1-25。

矢內原忠雄著，周憲文譯，《日本帝國主義下之臺
　　灣》。臺北：帕米爾書店，1987。

吳文星，《日治時期臺灣的社會領導階層》。臺北：
　　五南圖書，2008。

呂紹理，《展示臺灣：權力、空間與殖民統治的形象
　　表述》。臺北：麥田出版社，2005。

許佩賢，《殖民地臺灣的近代學校》。臺北：遠流出
　　版公司，2005。

陳昭如，〈離婚的權利史——臺灣女性離婚權的建立及其意義〉。國立臺灣大學法律研究所碩士論文，1997。

陳偉智，《伊能嘉矩：臺灣歷史民族誌的展開》。臺北：國立臺灣大學出版中心，2014。

陳慧先，《丈量臺灣：日治時代度量衡制度化之歷程》。新北：稻鄉出版社，2014。

黃靜嘉，《日據時期之臺灣殖民地法制與殖民統治》。臺北：作者自印，1960。

葉高華，〈日本時代集團移住對原住民社會網絡的影響：新高郡的案例〉，《臺灣文獻》第六十四卷第一期(2013年3月)，頁105-127。

鄭政誠，《臺灣大調查：臨時臺灣舊慣調查會之研究》。臺北：博揚文化，2005。

第十章

中島利郎編，《一九三〇年代臺灣鄉土文學論戰資料彙編》。高雄：春暉出版社，2003。

王詩琅譯，張炎憲、翁佳音編，《臺灣社會運動史——文化運動》。新北：稻鄉出版社，1988。

吳叡人，〈福爾摩沙意識型態——試論日本殖民統治下臺灣民族運動「民族文化」論述的形成(1919-1937)〉，《新史學》第十七卷第二期(2006年6月)，頁127-218。

周婉窈，〈「進步由教育 幸福公家造」——林獻堂與
　　霧峰一新會〉、〈想像的民族風——試論江文也
　　文字作品中的臺灣與中國〉，收於氏著，《海洋
　　與殖民地臺灣論集》，頁39-89。臺北：聯經出
　　版公司，2012。

周婉窈，〈臺灣議會設置請願運動再探討〉，《臺灣
　　史料研究》第三十七號(2011年6月)，頁2-31。

周婉窈，《日據時代的臺灣議會設置請願運動》。臺
　　北：自立晚報社文化出版部，1989。

林瓊華，〈流亡、自治與民主：試論陳芳明著作《謝
　　雪紅評傳》之貢獻與爭議〉，《臺灣風物》第
　　六十卷第二期(2010年6月)，頁147-174。

若林正丈著，臺灣史日文史料典籍研讀會譯，《臺灣
　　抗日運動史研究》。臺北：播種者出版公司，
　　2007。

張炎憲，〈臺灣文化協會的成立與分裂〉，收於張炎
　　憲、李筱峰、戴寶村編，《臺灣史論文精選》
　　下，頁131-161。臺北：玉山社，1996。

陳翠蓮，《百年追求：臺灣民主運動的故事》〔卷一
　　自治的夢想〕。新北：衛城出版，2013。

黃石輝，〈怎麼不提倡鄉土文學〉，收於中島利郎
　　編，《一九三〇年代臺灣鄉土文學論戰資料彙
　　編》，頁1-6。高雄：春暉出版社，2003。

黃昭堂著，黃英哲譯，《臺灣總督府》。臺北：前衛

出版社，1994。

楊克煌遺稿，楊翠華整理，《我的回憶》。臺北：楊
　　翠華出版，2005。

葉榮鐘等編著，《臺灣民族運動史》。臺北：自立晚
　　報，1993。（此書重刊本：葉榮鐘，《日據下
　　臺灣政治社會運動史》。臺中：晨星出版社，
　　2000。）

臺灣總督府警務局編著，《臺灣總督府警察沿革誌
　　第二編 領臺以後治安狀況(中卷)臺灣社會運動
　　史》。臺北：臺灣總督府警務局，1939。

臺灣雜誌社發行，《臺灣民報》第二卷第十六號
　　（1924年9月1日）、第二十三號（1924年11月11
　　日）。臺北：婁子匡、黃天橫輯集，東方文化書
　　局景印，1973。

蔡石山，《滄桑十年：簡吉與臺灣農民運動1924-
　　1934》。臺北：遠流出版公司，2012。

盧修一，《日據時代臺灣共產黨史(1928-1932)》。臺
　　北：前衛出版社，1990。

謝雪紅口述，楊克煌筆錄，《我的半生記》。臺北：
　　楊翠華出版，1997。

簡炯仁，《臺灣民眾黨》。新北：稻鄉出版社，
　　1991。

第十一章

行政院文化建設委員會編，《明清時代臺灣書畫
　　展》。臺北：行政院文化建設委員會，1983。

李欽賢，《大地・牧歌・黃土水》。臺北：雄獅圖書
　　公司，1996。

周婉窈，〈想像的民族風——試論江文也文字作品中
　　的臺灣與中國〉，收於氏著，《海洋與殖民地臺
　　灣論集》，頁365-429。臺北：聯經出版公司，
　　2012。

林熊光編，《呂世宜 謝琯樵 葉化成三先生遺墨》。
　　東京：編者自印，1926。

恠我氏，《百年見聞肚皮集》（點校本）。新竹：新竹
　　市立文化中心，1996。

孫大川，《BaLiwakes 跨時代傳唱的部落音符——卑
　　南族音樂靈魂陸森寶》。宜蘭：國立傳統藝術中
　　心，2007。

國立臺灣美術館編，《日治時期臺灣美術的「地域色
　　彩」》。臺中：國立臺灣美術館，2004。

國立歷史博物館編輯委員會編，《真善美聖——藍
　　蔭鼎的繪畫世界》。臺北：國立歷史博物館，
　　1998。

黃土水著，顏娟英譯，〈出生於臺灣〉，收於顏娟英
　　譯著，《風景心境——臺灣近代美術文獻導讀》
　　〔套書上〕，頁126-130。臺北：雄獅圖書公

司，2001。

顏娟英，〈自畫像、家族像與文化認同問題——試析
　　日治時期三位畫家〉，收於劉瑞琪主編，《近代
　　肖像意義的論辯》，頁82-131。臺北：遠流出版
　　公司，2012。

顏娟英，《水彩・紫瀾・石川欽一郎》。臺北：雄獅
　　圖書公司，2005。

顏娟英編著，《臺灣近代美術大事年表》。臺北：雄
　　獅圖書公司，1998。

顏娟英譯著，《風景心境——臺灣近代美術文獻導
　　讀》〔套書上〕。臺北：雄獅圖書公司，2001。

顏娟英譯著、鶴田武良譯，《風景心境——臺灣近代
　　美術文獻導讀》〔套書下〕。臺北：雄獅圖書公
　　司，2001。

第十二章

周婉窈，〈日本在臺軍事動員與臺灣人的海外參戰經
　　驗〉，收於氏著，《海行兮的年代——日本殖民
　　統治末期臺灣史論集》，頁127-183。臺北：允
　　晨文化，2003。

周婉窈，〈美與死——日本領臺末期的戰爭語言〉，
　　收於氏著，《海行兮的年代——日本殖民統治
　　末期臺灣史論集》，頁185-213。臺北：允晨文
　　化，2003。

周婉窈編，《臺籍日本兵座談會記錄并相關資料》。
　　臺北：中央研究院臺灣史研究所籌備處，1997。

近藤正己著，林詩庭譯，《總力戰與臺灣——日本殖
　　民地的崩潰》上、下。臺北：國立臺灣大學出版
　　中心，2014。

陳玲蓉，《日據時期神道統制下的臺灣宗教政策》。
　　臺北：自立晚報文化出版部，1992。

蔡錦堂，〈日據時期的臺灣宗教政策研究——奉祀
　　「神宮大麻」及發行《神宮曆》〉，收於《第二
　　屆中國政教關係國際學術研討會論文集》，頁
　　313-330。臺北：淡江大學，1991。

薛宏甫採訪、編撰，《臺籍老兵的血淚故事》。高
　　雄：高雄市文獻會，2009。

戰後篇

J. B. Jacobs原著，陳俐甫、夏榮和譯，〈臺灣人與
　　中國國民黨1937-1945——臺灣「半山人」的起
　　源〉，《臺灣風物》第四十卷第二期（1990年6
　　月），頁17-54。

中央研究院近代史研究所編，《二二八事件資料選
　　輯》。臺北：中央研究院近代史研究所，1992。

王甫昌，〈由「中國省籍」到「臺灣族群」：戶口普
　　查籍別類屬轉變之分析〉，《臺灣社會學》第九
　　期（2005年6月），頁59-117。

王甫昌，《當代臺灣社會的族群想像》。臺北：群學
　　出版公司，2003。

本刊特約記者，〈隨時可以發生暴動的臺灣局面〉，
　　《觀察》第二卷第二期（1947年3月8日），頁18-
　　19。

本刊特約記者，〈願南京當局一讀此文！海南島的臺
　　灣人〉，《觀察》第一卷第十六期（1946年12月
　　14日），頁15-16。

夷將‧拔路兒（Icyand Parod）等編，《臺灣原住民族
　　運動史料彙編》。臺北：行政院原住民族委員
　　會、國史館，2008。

行政院研究二二八事件小組〔賴澤涵總主筆〕，
　　《二二八事件研究報告》。臺北：時報文化，
　　1994。

何義麟，《二‧二八事件──「臺湾人」形成のエス
　　ノポリティクス》。東京：東京大學出版會，
　　2003。

吳乃德，《百年追求：臺灣民主運動的故事》〔卷二
　　自由的挫敗〕。新北：衛城出版，2013。

吳叡人等撰文，《人權之路：臺灣民主人權回顧 2008
　　新版》。臺北：陳文成博士紀念基金會，2008。

吳濁流著，鍾肇政譯，《臺灣連翹》。臺北：南方叢
　　書出版社，1987。

呂芳上，〈抗戰時期在大陸的臺灣抗日團體及其活

動〉，《近代中國》第四十九期（1985年10月），
頁11-25。

呂芳上等訪問，丘慧君等紀錄，《戒嚴時期臺北地區
政治案件口述歷史》。臺北：中央研究院近代史
究所，1999。

孝紹，〈試假定我是臺灣人來提出三項管見〉，《臺
灣民聲報》第五期（1945年6月），轉錄於秦孝儀
主編、張瑞成編輯，〔中國現代史史料叢刊第三
集〕《抗戰時期收復臺灣之重要言論》，頁264-
267。臺北：中國國民黨中央委員會黨史委員
會，1990。

李筱峰，〈「二二八事件處理委員會」與陳儀的對
策〉，收於陳永興等著，《二二八學術研討會論
文集》，頁167-194。臺北：二二八民間研究小
組，1992。

李筱峰，《林茂生、陳炘和他們的時代》。臺北：玉
山社，1996。

林元輝編註，《二二八事件臺灣本地新聞史料彙
編》。臺北：二二八事件紀念基金會，2009。

林金田主編，《傷痕血淚：戰後原臺籍國軍口述歷
史》本篇、續錄。南投：國史館臺灣文獻館，
2006、2007。

林淑雅，〈解／重構臺灣原住民族土地政策〉。臺
北：國立臺灣大學法律學研究所博士論文，

2007。

柯朝欽，〈活在例外狀態之中：論50年代臺灣政治犯的社會排除〉，發表於「流離、家園與認同工作坊」，新竹：國立交通大學，2009年10月16日。

胡淑雯等著，《無法送達的遺書：記那些在恐怖年代失落的人》。新北：衛城出版，2015。

胡慧玲，《百年追求：臺灣民主運動的故事》〔卷三民主的浪潮〕。新北：衛城出版，2013。

若林正丈著，洪金珠、許佩賢譯，《臺灣：分裂國家與民主化》。臺北：月旦出版社，1994；新自然主義，2004。

若林正丈著，洪郁如、陳培豐、李承機譯，《戰後臺灣政治史——中華民國臺灣化的歷程》。臺北：國立臺灣大學出版中心，2014。

殷海光，〈我被迫離開臺灣大學的經過〉，收於氏著，《殷海光全集》玖：《雜憶與隨筆》，頁155-168。臺北：桂冠圖書公司，1990。

秦孝儀主編、張瑞成編輯，《抗戰時期收復臺灣之重要言論》。臺北：中國國民黨中央委員會黨史委員會，1990。

梟紹，〈公理勝利聲中提論臺灣人民合理要求〉，《臺灣民聲報》第九、十期〔合刊〕（1945年10月10日），頁1-2。收於中國第二歷史檔案館、海峽兩岸出版交流中心編；陳云林總主編，《館藏

民國臺灣檔案匯編》第三十七冊。北京：九州出
版社，2007。

國家人權博物館籌備處，《走過長夜：政治受難者的
生命故事》套書，〔輯一〕《秋蟬的悲鳴》、
〔輯二〕《看到陽光的時候》、〔輯三〕《喚不
回的青春》。新北：國家人權博物館籌備處；臺
北：玉山社編印發行，2015。

張炎憲等，《風中的哭泣——五〇年代新竹政治案
件》。新竹：新竹市政府，2002。

張炎憲等採訪記錄，《嘉義驛前二二八》。臺北：吳
三連臺灣史料基金會，1995。

張麗雪，〈公務人員高普考試按省區定額錄取制度
沿革〉，《考選論壇》第一卷第二期（2011年4
月），頁53-60。

曹欽榮、林芳微等採訪整理，《流麻溝十五號：綠
島女生分隊及其他》。臺北：書林出版公司，
2012。

郭惠娜、許芳庭編，《郭雨新先生照片暨史料集》。
新北：國史館，2008。

陳佳宏，《臺灣獨立運動史》。臺北：玉山社，
2006。

陳芳明編，《臺灣戰後史資料選——二二八事件專
輯》。臺北：二二八和平日促進會，1991。

陳興唐主編，《南京第二歷史檔案館藏 臺灣「二．

二八」事件檔案史料》上、下卷。臺北：人間出
版社，1992。

楊翠等作，陳銘城主編，《秋蟬的悲鳴：白色恐怖受
難文集第一輯》。新北：國家人權博物館籌備
處，2012。

葛超智（George H. Kerr）著，柯翠園、詹麗茹譯，《被
出賣的臺灣》〔重譯校註版〕。臺北：前衛出版
社，2014。

臺灣民間真相與和解促進會，《記憶與遺忘的鬥爭：
臺灣轉型正義階段報告》。新北：衛城出版，
2015。

鄧孔昭編，《二二八事件資料集》。新北：稻鄉出版
社，1991。

盧兆麟等口述，胡慧玲、林世煜採訪記錄，《白色封
印：人權奮鬥證言：白色恐怖1950》。臺北：國
家人權紀念館籌備處，2003。

薛宏甫、希巨‧蘇飛、若琳採訪撰文，《臺籍老兵血
淚故事〔原民篇〕》。高雄：高雄市關懷臺籍老
兵文化協會、春暉出版社，2015。

謝漢儒，《早期臺灣民主運動與雷震紀事——為歷史
見證》。臺北：桂冠圖書，2002。

蘇振明、蔣茉春、林昌華，《人權與藝術鬥士：歐陽
文生命故事》。新北：國家人權博物館籌備處，
2015。

蘇瑞鏘，〈臺灣(臨時)省議會「五龍一鳳」對結社權的態度——以「中國地方自治研究會」為中心五龍一鳳〉，收於臺灣省諮議會編印，《深化臺灣民主、促進地方建設研討會論文集》，頁51-58。臺中：臺灣省諮議會，2004。

蘇瑞鏘，〈臺灣戒嚴時期政治案件不當核覆初探：以蔣介石為中心的討論〉，《臺灣文獻》第六十三卷第四期(2012年12月)，頁209-240。

蘇瑞鏘，《白色恐怖在臺灣：戰後臺灣政治案件之處置》。新北：稻鄉出版社，2014。

蘇瑞鏘，《超越黨籍、省籍與國籍——傅正與戰後臺灣民主運動》。臺北：前衛出版社，2008。

Blundell, David, ed. *Taiwan since Martial Law: Society‧Culture‧Politics‧Economy*. Taipei: Shung Ye Museum of Formosan Aborigines, University of California, Berkeley & National Taiwan University Press, 2012.

Kerr, George H. *Formosa Betrayed*. Boston: Houghton Mifflin, 1965.

圖片來源書目

山本地榮編，《南方の據點——臺灣寫真報道》。東京：朝日新聞社，1944。

中國時報編，《臺灣：戰後50年——土地・人民・歲月》。臺北：時報文化，1995。

名倉喜作編，《臺灣銀行四十年誌》。東京：臺灣銀行，1939。

安藤元節編，《臺灣大觀》。東京：日本合同通信社，1932。

成田武司編，《臺灣生蕃種族寫真帖——附理蕃實況》。臺北：成田寫真製版所，1912。

竹內清，《事變と臺灣人》。東京：日滿新興文化協會，1940。

竹越與三郎，《臺灣統治志》。東京：博文館，1905。

仲摩照久編，《日本地理風俗大系》。東京：新光社，1931。

佐藤政藏編，《第一、第二霧社事件誌》。臺中：實業時代社中部支社出版部，1931。

吳密察總編輯，《文化協會在臺南》。臺南：國立臺灣歷史博物館，2007。

呂世宜撰，《愛吾廬題跋》。東京市：林熊光發行、築地活版所印刷，1923。

宋文薰，〈關於臺灣更新世的人類與文化〉，《中央研究院國際漢學會議論文集・歷史考古組》上

冊。臺北：中央研究院，1981。

宋隆泉，《見證：臺灣街頭運動影像錄》。臺北：將
　　集團大將宣傳企劃工作室，1992。

東都書籍臺北支店，《民俗臺灣》第二卷第一號。
　　1942年1月。

柏楊總策劃，《二十世紀臺灣民主大事寫真》。臺
　　北：人權教育基金會、遠流出版公司，2005。

春帆樓，《割烹旅館下關春帆樓》。下關：春帆樓，
　　未標出版年份。

郎豪華（Howard Rusk Long）著，陳慧靜譯，《木柵人：
　　閱讀1950年木柵人的生活影像》。臺北：社團法
　　人臺北市社區大學民間促進會，2004。

高雄神社造營奉贊會編，《高雄神社造營誌》。高
　　雄：高雄神社造營奉贊會，1930。

財團法人學租財團編，《第四回臺灣美術展覽會圖
　　錄》。臺北：財團法人學租財團，1931。

財團法人學租財團編，《第六回臺灣美術展覽會圖
　　錄》。臺北：財團法人學租財團，1932。

海老原興，《霧社討伐寫真帖》。臺北：共進商會，
　　1931。

桑子政彥編，《臺灣寫真大觀：產業篇》。臺北：臺
　　北寫真大觀社，1934。

張炎憲、陳傳興主編，《清水六然居 楊肇嘉留真
　　集》。臺北：吳三連臺灣史料基金會，2003。

張富忠、邱萬興編著，《綠色年代：臺灣民主運動

25年》。臺北：綠色旅行文教基金會，2005。

笠原政治編，楊南郡譯，《臺灣原住民映像——淺井
　　惠倫教授攝影集》。臺北；南天書局，1995

許佩賢譯，《攻臺戰紀》。臺北：遠流出版公司，
　　1995。

陳華宗，《學甲庄皇民化運動》。臺南：學甲庄役
　　場，1939。

創元美術協會編，《臺灣聖戰美術》。臺北：創元美
　　術協會，1941。

辜顯榮翁傳記編纂會，《辜顯榮翁傳》。臺北：辜顯
　　榮翁傳記編纂會，1939。

新竹州時報發行委員會，《新竹州時報》，創刊號。
　　1937。

新新月報社，《新新》第四、五號。1946年5月。

塩澤亮繪著，張良澤譯，《從臺中雙冬疏散學校到內
　　地復員》。南投：國史館臺灣文獻館，2006。

廖枰三主編，創校第二十三期生畢業四十周年編製，
　　《臺中一中紀念冊》。臺北：臺中一中校友會，
　　1981。

蔣朝根、李淑楨、林伯欣圖文編撰，《臺灣反殖民運
　　動與文化覺醒特展專輯：烈日下的文化鬥魂》。
　　臺北：臺北市文化局，2005。

蔣朝根編著，《蔣渭水留真集：在最不可能的時
　　刻》。臺北：臺北市文獻委員會，2006。

臺中市役所，《臺中市概況》。臺中：臺中市役所，

1932。

臺北市役所，《臺北市政二十年史》。臺北：臺北市役所，1940。

臺北州役所編，《臺北州要覽》。臺北：臺北州役所，1926。

臺北第三高等女學校，《創立滿三十年記念誌》。臺北：臺北第三高等女學校，1933。

臺南市役所編，《臺灣歷史畫帖》。臺南：臺南市役所，1939。

臺南州自治協會共榮會，《親民》第三卷第一號。1938年1月。

臺灣日日新報社，《臺灣日日新報》。1924年8月16日，第5版；1927年10月21日，第5版。

臺灣日本畫協會編，《第一回臺灣美術展覽會圖錄》。臺北：臺灣日本畫協會，1928。

臺灣地方自治協會，《臺灣地方行政》第三卷十月號。1937年10月。

臺灣軍司令部編，《昭和九年臺灣軍特種演習寫真帖》。臺北：臺北偕行社，1934。

臺灣時報發行所，《臺灣時報》第九十四號。1927年9月。

臺灣婦人社，《臺灣婦人界》十月號。1937年11月。

臺灣教育會，《臺灣教育》第四百三十一號。1938年6月。

臺灣製糖株式會社，《創立十五週年記念寫真帖》。

東京：臺灣製糖株式會社，1915。

臺灣銀行，《臺灣銀行二十年誌》。東京：臺灣銀行，1919。

臺灣總督府，《公學校修身書(兒童用)》卷二。臺北：臺灣總督府，1914。

臺灣總督府，《臺灣統計要覽(大正二年)》。臺北：臺灣總督府，1915。

臺灣總督府內務局，《史蹟調查報告第一輯——北白川宮能久親王御遺跡》。臺北：臺灣總督府內務局，1935。

臺灣總督府官房文書課，《臺灣寫真帖》。臺北：臺灣總督府官房文書課，1908。

臺灣總督府法務部，《臺灣匪亂小史》。臺北：臺灣總督府法務部，1920。

臺灣警察協會，《臺灣警察時報》第三百十七號。1942年4月。

鄧相揚，《霧社事件初探》。南投：向陽博物館，1990。

賴志彰編，《臺灣霧峰林家建築圖集：頂厝篇》。臺北：自立報系文化出版部，1988。

賴志彰編撰，《臺灣霧峰林家留真集：近、現代史上的活動1897-1947》。臺北：自立報系文化出版部，1989。

篠田治策，《臺灣を視る》。東京：樂浪書院，1935。

臨時臺灣舊慣調查會編，《臺灣蕃族圖譜》第二卷。
　　臺北：臨時臺灣舊慣調查會，1918。

臨時臺灣舊慣調查會編，《蕃族調查報告書》第四
　　冊。臺北：臨時臺灣舊慣調查會，1917。

顏娟英，《水彩・紫瀾・石川欽一郎》。臺北：雄獅
　　美術，2005。

鷲巢敦哉編，《臺灣保甲皇民化讀本》。臺北：臺灣
　　警察協會，1941。

Ballantine, Joseph W. "I Lived on Formosa." *The National
　　Geographic Magazine* 87:1（January 1945）.

Band, Edward. *Barclay of Formosa*. Ginza, Tokyo:
　　Christian Literature Society, 1936; Taipei: Ch'eng Wen
　　Publishing, Co., reprinted, 1972.

Berrigan, Darrell. "Should We Grab Formosa?" *The Saturday
　　Evening Post*, August 13, 1949.

Chang, Kwang-chih. *Fengpitou, Tapenkeng, and the
　　Prehistory of Taiwan*. New Haven: Yale University
　　Press, 1969

Davidson, James W. *The Island of Formosa: Past and
　　Present*. London and New York: Macmillan & Co.
　　Press, 1903.

Frankfurt Illustration, September 27, 1949.

Goldschmidt, Richard. *Neu-Japan*. Berlin: Julius Springer,
　　1927.

臺灣歷史圖說(三版)

2016年9月三版
2023年8月三版七刷

有著作權・翻印必究
Printed in Taiwan.

定價：新臺幣399元

著　　　者	周婉窈	
叢書主編	沙淑芬	
校　　　對	丁平、邱敬、張嘉顯、陳慧先、黃訓慶兒	
封面設計	黃兒	

副總編輯	陳逸華	
總編輯	涂豐恩	
總經理	陳芝宇	
社　　長	羅國俊	
發行人	林載爵	

出　版　者　聯經出版事業股份有限公司
地　　　址　新北市汐止區大同路一段369號1樓
叢書主編電話　(02)86925588轉5310
台北聯經書房　台北市新生南路三段94號
電　　　話　(02)23620308
郵政劃撥帳戶第0100559-3號
郵撥電話　(02)23620308
印　刷　者　文聯彩色製版印刷有限公司
總　經　銷　聯合發行股份有限公司
發　行　所　新北市新店區寶橋路235巷6弄6號2F
電　　　話　(02)29178022

行政院新聞局出版事業登記證局版臺業字第0130號

本書如有缺頁，破損，倒裝請寄回台北聯經書房更換。　ISBN　978-957-08-4808-3 (平裝)
聯經網址 http://www.linkingbooks.com.tw
電子信箱 e-mail:linking@udngroup.com

國家圖書館出版品預行編目資料

臺灣歷史圖說(三版)/ 周婉窈著 . 三版 . 新北市 .
聯經 . 2016.09 . 360面 . 14.8×21公分 .
ISBN 978-957-08-4808-3（平裝）
[2023年8月三版七刷]

　1.臺灣史

733.21 　　　　　　　　　　　　　　105016870